LA
UNCIÓN
DE LA PROFETISA
ANA

MICHELLE McCLAIN-WALTERS

CASA
CREACIÓN
Para vivir la Palabra

Para vivir la Palabra

MANTÉNGANSE ALERTA;
PERMANEZCAN FIRMES EN LA FE;
SEAN VALIENTES Y FUERTES.
—1 CORINTIOS 16:13 (NVI)

La unción de la profetisa Ana por Michelle McClain-Walters
Publicado por Casa Creación
Miami, Florida
www.casacreacion.com
©2022 Derechos reservados

ISBN: 978-1-955682-28-2
E-book: 978-1-955682-29-9

Desarrollo editorial: *Grupo Nivel Uno, Inc.*
Apatación de diseño interior y portada: *Grupo Nivel Uno, Inc.*

Publicado originalmente en inglés bajo el título:
The Anna Anointing
Published by Charisma House,
A Charisma Media Company,
Lake Mary, FL 32746 USA

Nota de la editorial: Aunque el autor hizo todo lo posible por proveer teléfonos y páginas de internet correctos al momento de la publicación de este libro, ni la editorial ni el autor se responsabilizan por errores o cambios que puedan surgir luego de haberse publicado.

Impreso en Colombia

22 23 24 25 26 LBS 9 8 7 6 5 4 3 2 1

CONTENIDO

INTRODUCCIÓN

Yo he buscado entre ellos a alguien que se interponga entre mi pueblo y yo, y saque la cara por él para que yo no lo destruya. ¡Y no lo he hallado!

—Ezequiel 22:30

Dios anda persiguiéndote. Él está buscando apasionadamente a las mujeres que respondan a su llamado, lo acepten y se pongan en la brecha. Esa brecha es el espacio que existe entre Dios y nuestra sociedad. Satanás ha enceguecido los corazones de muchas personas. La generación en la que nos tocó vivir se ha vuelto sumamente humanista. La mayoría de la gente quiere el poder sin Dios. Muchos van a la iglesia en busca de una experiencia más que de una relación con el Dios vivo y verdadero.

Si alguien no ocupa ese espacio, es posible que llegue la destrucción. Alguien debe colocarse en la brecha entre Dios y el ser humano para que clame por misericordia y gracia para esta generación. Dios está buscando mujeres que se adueñen del manto de la oración para derramar sanidad, liberación y gloria sobre la tierra.

La notable vida de Ana la profetisa es una imagen reveladora de lo que significa estar en la brecha, lo cual es muy oportuno y beneficioso para la iglesia de hoy. En uno de los tiempos más oscuros de la historia humana —cuando Israel esperaba al Mesías prometido—, época de gran transición y dolor, Dios levantó a una mujer: Ana. Actualmente, Dios está derramando el espíritu de gracia y súplica sobre las mujeres con el fin de que tengan largas temporadas de oración y ayuno. Ellas han de orar y proclamar la revelación de Jesús a una generación perdida y moribunda.

Conviértete en una mujer que mueve la mano de Dios

Este libro se enfoca en el poder de una vida consagrada. Se centra en lo que sucede cuando una mujer dedica su vida al servicio del Señor. Ana no tenía influencia *política*, tenía influencia *espiritual*. Ana era una mujer de perseverancia, esperanza y poder. Sus oraciones y sus ayunos fueron instrumentales en el nacimiento y la primera venida de Cristo. Dios está reuniendo un ejército de mujeres con la unción de Ana que clamen hasta que el conocimiento de la gloria del Señor cubra la tierra como las aguas cubren el mar (Isaías 13:1-5; Habacuc 2:14). Las que tengan la unción de Ana serán puestas como atalayas en el templo, para que no le den descanso al Señor hasta que estalle el avivamiento en la tierra. Trabajarán intercediendo para que el poder de Dios se desate con el fin de ganar a los perdidos, reavivar la iglesia e impactar a la sociedad con el evangelio del reino. Esas mujeres conmoverán a Dios con sus clamores y sus oraciones sinceras por los pecados de la nación. Estarán equipadas con fuego, celo y poder para proclamar el nombre de Jesucristo a aquellos que buscan la redención. Dios está despertando un movimiento de oración que desatará el poder de su reino. A través del poder de la oración volveremos a ver —sobre la tierra— la justicia, la paz y el gozo en el Espíritu Santo. La Ana de estos tiempos elevará oraciones fervientes y eficaces que pondrán a disposición de esta generación un tremendo poder (Santiago 5:16).

Hemos alcanzado un punto crítico en la historia de nuestro mundo. Necesitamos personas que contiendan una vez más por la fe. *Contender* significa "luchar por algo mientras batallas contra las dificultades que impiden su liberación".[1] La Ana de hoy tendrá la carga de ver a esta generación caminar en todo lo que Dios se ha propuesto. Su principal objetivo es orar por el avance del reino de Dios. Ella se lamenta por nuestra impotencia y nuestra esterilidad espiritual. Este es un tiempo de transición hacia la plenitud del poder del nuevo pacto. Jesús representa la transición del antiguo pacto al nuevo. La Ana de nuestros días ayunará y orará para ver la plenitud del nuevo pacto implementada en la tierra. El nuevo pacto es más glorioso que el antiguo. Las personas bajo el nuevo pacto sienten la gloria de Dios, los milagros, la curación, el ministerio profético y mucho más. La gloria del nuevo pacto es el poder transformador del Espíritu Santo que mora en los hijos de Dios. Como parte del nuevo pacto, Dios promete escribir su Palabra en nuestro corazón (Jeremías 31:33).

En su poder soberano, el Señor impulsa a las naciones y a los pueblos a ser sus agentes en la tierra. Creo que un ejército de mujeres que oran, profetizan y predican serán las armas de su indignación. *Indignación* se define como "fuerte disgusto por algo que se considera injusto, ofensivo, insultante o vil; ira justa".

Cuando el Señor quiera que se complete una tarea y se cumplan sus propósitos, despertará a una o a varias personas para que cumplan su voluntad en la tierra. El Señor está reuniendo un ejército con el objeto de que clamen en oración e intercesión contra los malignos planes del enemigo en la tierra. Este ejército servirá a Dios en ayuno y oración, como lo hizo Ana la profetisa hasta que el avivamiento y la gloria cubran la tierra.

El Señor ha abierto su arsenal, y ha sacado las armas de su ira; el Señor omnipotente, el Todopoderoso, tiene una tarea que cumplir en el país de los babilonios.
—Jeremías 50:25

Dios nos está llamando a ser hacedoras de historia. Dios quiere convertir la zona de desastre en un centro de avivamiento.

Quiere derramar la bendición del Espíritu Santo a través de nuestras oraciones. Quiere desatar el poder. Él quiere desarrollar focos de misericordia y ciudades de refugio en los lugares donde el pueblo de Dios se reúne. Por eso liberará poder y protección, provisión y dirección sobrenaturales en diferentes lugares. La razón por la que se detiene hasta que su pueblo responda es porque quiere que él sea el agente de cambio ante el trono de la gracia. Quiere que las personas en intimidad con él —y en sociedad con él— sean el vehículo a través del cual derrame sus bendiciones sobre este mundo.

En un mundo de gente que busca significado, que busca un lugar al que pertenecer, que deambula sin rumbo fijo y que anhela desesperadamente lograr la seguridad, Dios está despertando en las personas un profundo deseo de conocer su llamado divino y el destino de sus vidas. Algunos son llamados a ser abogados o médicos, otros son llamados a servir al Señor con ayuno y oración en la casa del Señor.

A medida que este despertar en el corazón humano llena la tierra, el enemigo está desatando simultáneamente la confusión de identidad y la rebelión contra Dios en los corazones de los mismos seres humanos. El espíritu de Babilonia está cegando los corazones y las mentes de las personas ante la verdad de que Jesucristo es el único camino a la salvación. El espíritu de Babilonia representa el poder de las tinieblas que busca esclavizar y oprimir a la humanidad. La asignación de ese espíritu demoníaco es borrar las identidades y el verdadero propósito de Dios de la conciencia de los seres humanos. Es un espíritu que influye en el hombre para construir una sociedad que desafíe a Dios similar a la Torre de Babel en las Escrituras. El espíritu de Babilonia promueve un sistema que está en completa rebelión y enemistad contra las normas de Dios. El *modus operandi* de ese espíritu demoníaco infunde confusión en los corazones humanos. Es lo que llamo "oscuridad total".

Dios, en su sabiduría, está reuniendo un ejército con sus santificados, aquellos llamados a un propósito especial: alzar sus voces al cielo y llorar, revelando el día del Señor. Ese ejército será un instrumento —como una trilladora afilada— en la mano de Dios (Isaías 41:15). Sus integrantes entenderán al Espíritu de Dios y dejarán espacio para que su mano se mueva sobre la tierra. Dios usará a las mujeres en oración para cambiar radicalmente el curso y la historia de las naciones.

Armada y lista

Este llamado radical a las mujeres para que sean influyentes y poderosas requerirá capacitación y equipamiento. Implicará sacrificio y fe para creer en Dios frente a la adversidad y la oposición. Los mejores docentes serán la vida y tu experiencia con el Señor. Dios nos llama a acoger su futuro con tal pasión que hasta podamos olvidar el presente por ese futuro prometido. Dios nos insta a confiar en el Dador de las promesas —que siempre cumple su palabra— con todo nuestro corazón, nuestra alma, nuestra mente y nuestras fuerzas.

Muchas de ustedes han enfrentado adversidades, como lo hizo nuestra heroína Ana, pero —a través de la oración y la perseverancia— aprenderán a sacarle provecho a esa adversidad. Dios está levantando un ejército de mujeres que estarán ancladas a la esperanza, decididas a soñar nuevamente y a dejar un legado duradero en la tierra. Él está empoderando a las mujeres con el espíritu de oración e intercesión para traer sanidad y liberación a las naciones de la tierra. El Señor está haciendo que las mujeres despierten su fuerza interior y se desarrollen a su máximo potencial. Dios está llamando a un ejército de mujeres guerreras para que permanezcan en él, comiencen a ver el mundo desde su perspectiva y reconozcan la manera en que él está llamando a cada una de ellas a participar en la gran batalla por la cosecha de almas. Pelearemos y ganaremos esa batalla si nos arrodillamos sobre las promesas de Dios para nuestra tierra.

A medida que el Señor comience a dirigirte a aceptar tu llamado y a agitar tu corazón por el destino y el propósito que tiene para ti, creo que empezarás a sentir una urgencia divina similar y una sensación de responsabilidad por cosas más grandes que tú misma. Pienso que comenzarás a verte como una mujer de influencia, convicción y poder. De modo que un grito, divinamente inspirado, saldrá de tu espíritu y dirá: "¡Señor, ven y sana nuestra tierra!". La pasión y la justa indignación del Señor está surgiendo en los corazones de las mujeres para que tomen la espada del Espíritu en oración, toquen el cielo mediante la oración y la intercesión, de manera que traigan reformas a la tierra. Dios va a comenzar a avivar tu espíritu con una unción especial que influya en los líderes en varias esferas y los redima para el reino de Dios. Esa influencia surgirá a través del poder de la oración.

Creo que Dios te inspirará con una unción profética para que digas las palabras correctas, despiertes un ejército de hombres y mujeres en lugares poderosos, y defiendas —a la vez que respaldes— el gobierno y el avance del reino. Te veo agarrando el manto de Ana y caminando en la unción de la oración y la revelación para traer soluciones. Adoptarás las características de la unción y verás suceder cosas maravillosas en tu vida y en la de tus seres queridos.

Suena la alarma

El propósito de este libro es hacer sonar la alarma y eliminar las escalas del desánimo y la derrota que han adormecido a las mujeres ante el dolor y la devastación que las rodea. El Espíritu Santo está guiando y desafiando a las mujeres para que descubran su pasión y su propósito a fin de que se levanten y se adueñen del poder que Dios les ha dado, despertando y cambiando su esfera de influencia en el mundo. Nuevas asignaciones, y órdenes de marcha proféticas, se están activando y dando a las mujeres para que penetren en el mundo con el evangelio del reino.

Dios está levantando una generación de mujeres que actuarán en la plenitud de su gloria y su poder. Joel 2:28-30 habla de un día en que el Señor derramará su Espíritu sobre los hijos y las hijas y, como resultado, todos profetizarán. El derramamiento del Espíritu de Dios da la capacidad no solo de profetizar, sino también de orar con eficacia, amar profundamente y liderar sin miedo. En verdad, se está levantando un ejército y Jesús está llamando a todas sus tropas a que estén debidamente adiestradas y equipadas para que hagan oraciones fervientes y eficaces. El Señor está enseñando nuestras manos para la guerra y nuestros dedos para luchar (Salmos 144:1). En tiempos de incertidumbre y turbulencia, el Señor me ha dado el mandato de levantar un grupo de mujeres que tengan confianza en su soberanía, que tengan una brújula de justicia en sus corazones y que tengan la Palabra del Señor en sus bocas. Mi pasión es animar a esas mujeres a que ocupen su lugar en el reino y cumplan con el mandato y la misión de ir al mundo entero predicando el evangelio y haciendo discípulos en todas las naciones.

¿Qué es la unción de Ana?

Había también una profetisa, Ana, hija de Penuel, de la tribu de Aser. Era muy anciana; casada de joven, había vivido con su esposo siete años, y luego permaneció viuda hasta la edad de ochenta y cuatro. Nunca salía del templo, sino que día y noche adoraba a Dios con ayunos y oraciones. Llegando en ese mismo momento, Ana dio gracias a Dios y comenzó a hablar del niño a todos los que esperaban la redención de Jerusalén.

—Lucas 2:36-38

La descripción más clara de la unción de Ana se halla en Lucas 2:36-38. Observa que a ella se la llama profetisa, ya que servía al Señor día y noche en ayuno y oración. Ella recibió el poder del espíritu de profecía para testificar de Jesús a los que esperaban la redención. Ana era una mujer en la que convergían los oficios de profeta, intercesora y evangelista. Hoy, Dios está empoderando a las mujeres con esa misma gracia; sí, en esta generación. No todas las mujeres que tengan la unción de Ana serán profetas, pero tendrán un espíritu profético. La unción de Ana es una expresión de la unción profética, mediante el ayuno y la oración de día y noche y el espíritu de profecía para testificar de Jesús a través del evangelismo profético. La Escritura no dice que Ana realmente pronunció una palabra profética, pero sus acciones fueron proféticas. La vida de Ana la profetisa es un cuadro profético para las mujeres de hoy. Dios busca una generación de mujeres que cumplan su mandato de resguardar la tierra de la destrucción y que le pidan de corazón que derrame su gloria sobre la tierra. Dios está usando las candidatas que uno menos se imagina. Emplea mujeres que pueden haberse sentido excluidas de la sociedad, que han superado grandes adversidades y traumas. Está usando vencedoras. Ana enviudó a una edad temprana, pero superó una gran pérdida y halló esperanza para su futuro en la presencia del Señor. Ana ayunó y oró en el templo día y noche, durante más de sesenta años antes de la primera venida de Jesús. Ana fue la primera evangelista del Nuevo Testamento. Ella proclamó la verdad de Dios a todos aquellos que buscaban la redención.

El Espíritu Santo está levantando mujeres que se parezcan a Ana con el objeto de que oren con eficacia, ayunen constantemente y prediquen en forma profética. El Espíritu Santo está levantando mujeres que actúen con el espíritu de profecía para testificar de Jesús con señales y maravillas siguiéndolas. Esas mujeres serán la expresión de Apocalipsis 22:17 (RVR1960): "Y el Espíritu y la Esposa dicen: Ven. Y el que oye, diga: Ven. Y el que tiene sed, venga". El corazón de la Ana de hoy estará sincronizado con el Espíritu Santo. Tendrán la gracia de orar las promesas de Dios con precisión en la tierra. Extenderán una invitación profética para que el Señor venga. No estoy hablando de venir como en el Rapto, sino de venir a revelar su amor y empoderar a su iglesia; estoy hablando del avivamiento y la gloria venideros. La unción de Ana se despierta cuando las mujeres comienzan a vivir como intercesoras, trabajando por el cumplimiento de la Gran Comisión y la difusión del evangelio a todas las naciones.

Cuatro claves para activar
la unción de Ana

Hay cuatro claves para activar la unción de Ana:

1. **Oración:** La unción principal de Ana fue para desarrollar un corazón atento que pronunciaba oraciones fervientes y eficaces de acuerdo con el corazón y la mente del Señor. Ella clamaba al Señor pidiendo una clase de justicia y rectitud que llenara la tierra.

2. **Adoración:** Ministrar en el templo es adorar a Dios. Ana desarrolló un estilo de vida de adoración. Presentó su cuerpo como sacrificio vivo a Dios. Su poder para reconocer al Mesías provenía de su estilo de vida de adoración. Ana mostró la revelación del poder de una mujer de adoración. La adoración es la clave principal para desatar los recursos sobrenaturales del cielo.

3. **Perseverancia:** Al servir durante sesenta años antes de ver la promesa, Ana desarrolló tenacidad y perseverancia. Ana aprendió a poner su afecto en las cosas de arriba. Como mujeres, muchas veces podemos sentirnos abrumadas por las preocupaciones de este mundo, pero aquellas que poseen la unción de Ana comprenderán el poder de una vida enfocada.

4. **Vigilancia:** Ana era una profetisa vigilante. Ella organizó una vigilia en torno a las promesas de Dios. La vigilia se puede definir como "un período de permanecer despierto para... llamar la atención del público sobre algo". Creo que es importante orar día y noche. Ana desarrolló una vigilia de oración en torno a ver las promesas de Dios cumplidas, por lo que la Ana de hoy hará lo mismo. La Ana de nuestros días pasará su tiempo observando y orando para que se cumplan las promesas de Dios en la tierra. Ella cumplirá lo que dice Isaías 62:6: "Jerusalén, sobre tus muros he puesto centinelas que nunca callarán, ni de día ni de noche.

Ustedes, los que invocan al Señor, no se den descanso". La Ana de hoy debe desarrollar una unción inexorable, urgente y vigilante.

La Ana de nuestros tiempos ha de llevar una vida de sacra entrega a los propósitos del Señor Jesús. Dios, en su soberanía, está creando inquietud espiritual en los corazones de las mujeres, con el fin de que surja un gran clamor por la justicia y la paz. Estamos cansadas de ver morir a nuestros hijos en las calles y de que hombres violentos e irritados aterroricen a nuestra nación. Es hora de que se levanten mujeres con la unción de Ana.

Tres obstáculos a la unción de Ana

En un mundo en el que las mujeres siempre tienen el desafío de ser más y participar en más actividades, la vocación de Ana podría considerarse una pérdida de tiempo. Nuestra sociedad define el éxito en función de lo que hacemos y la cantidad de cosas que acumulamos. El llamamiento de Ana solo se basa en la obediencia al Señor. Si vas a acoger la unción de Ana, debes liberarte de las opiniones de los demás. La Ana de hoy debe optar por vivir rendida a los propósitos del Señor. Por tanto, debemos vivir —de todo corazón— con el objeto de sembrar para el Espíritu. Las mujeres con la unción de Ana llevarán una vida de sacrificio, entendiendo que en este mundo y en el venidero recogeremos una cosecha de grandes recompensas. Ana no se centró en sí misma. Se enfocó en el reino de Dios y en difundir la bondad del Mesías. Por eso no permitió que ningún obstáculo se interpusiera en su camino. Veamos, a continuación, algunas de las cosas que pueden perturbar el buen funcionamiento de la unción de Ana:

1. **El temor al hombre.** Una mentalidad de "no se necesita todo eso" puede interponerse en el camino de nuestra unción para servir como lo hizo Ana. Proverbios 29:25

declara que el temor del hombre trae una trampa, pero los que confían en Dios están a salvo. El llamado de Ana requiere una decisión consciente de practicar una vida de santidad y consagración. Esta decisión es contraria al estilo de vida egocéntrico de muchas en nuestra cultura. Las mujeres con la vocación de Ana no pueden preocuparse por lo que otros piensen sobre sus decisiones. El estilo de vida de la Ana actual será similar a una bofetada al cristianismo apático.

2. **Las cargas falsas y la mentalidad de mérito por obras.** Debemos trabajar en oración para que el reino crezca. El error de la iglesia de Éfeso fue hacer la obra del reino sin oración ni intimidad con Jesús (Apocalipsis 2:4). Aquellas que tienen una unción como la de Ana deben tener cuidado de no llevar cargas falsas o desarrollar una mentalidad de obras. El Señor quiere que vayamos y aprendamos de él, porque su yugo es fácil y su carga es liviana (Mateo 11:28-30). El Señor da más si pedimos más y, en el proceso de hablar con Dios y llevarle esas peticiones, desarrollamos nuestra relación con él; y eso es lo que él realmente quiere.

3. **Mentalidad de aislamiento.** Ana fue un ejemplo perfecto para la intercesora de hoy. Ella era equilibrada en su servicio al Señor. No solo pasaba horas en la presencia del Señor, sino que también ministraba a los perdidos. Ha sido mi experiencia que algunas intercesoras prefieren permanecer aisladas en la presencia del Señor y nunca interactuar con el mundo. Ese intercesor orará al Dueño de la mies para que envíe obreros, sin darse cuenta de que él o ella es uno de los obreros.

Cómo superar los obstáculos para recibir la unción de Ana

Aunque Ana era viuda, no oraba como tal. Ella entendió que era una novia. Como esposa de Cristo, estamos en yugo a los propósitos de Jesús, nuestro Novio. Nuestro deseo de agradarlo supera el temor del hombre. Cuando nos relacionamos con Jesús como nuestro Novio, entendiendo su afecto por nosotras, somos perfeccionadas en el amor. La Biblia dice que el amor perfecto echa fuera el temor (1 Juan 4:18). Recibir el amor de Dios genera valentía y audacia para que cumplas tu asignación en la tierra.

No hay nadie más cercano a un novio que su novia. La intimidad y la asociación son la motivación de una novia, no las obras muertas. Servir al Señor desde la perspectiva de una novia nos libera de la tradición y del agotamiento del ministerio. Como novia aprendemos a inclinarnos y depender de la gracia de Dios para hacer las obras del ministerio. Tu mentalidad cambia de trabajar para él a trabajar con él. Como novia, aprenderás a depositar tus preocupaciones y tus cargas sobre el Señor, debido al pacto de amor entre ambos.

El misterio del matrimonio es que dos personas se vuelven una. Cuando nosotras, como cristianas, vivimos desde la perspectiva del paradigma nupcial, aprendemos a acoger el afecto de Jesús por la humanidad y por nosotras, lo que nos da poder para servirlo. Jesús le preguntó a Pedro: "¿Me amas?" y luego dijo: "Apacienta mis ovejas". Una de las expresiones y las demostraciones de que amamos a Dios es que amamos a las personas. El paradigma nupcial rompe el aislamiento y te da poder no solo para orar por las ovejas, sino también para alimentarlas con conocimiento y sabiduría. Sus deseos se convierten en los tuyos. Nos asociamos con él para hacer la obra del reino.

Si vas a ser eficaz en la vida, tu identidad debe estar arraigada en el amor de pacto por Cristo. La situación de tu vida y tu estatus social no definen quién eres ante el trono de Dios. Puede que seas soltera, divorciada o viuda, pero a los ojos de Dios eres la novia de Cristo. Puedes acceder a todos los privilegios de una novia. Te desafío a escudriñar las Escrituras y meditar en las ocasiones en que Dios se refiere a sí mismo como tu esposo. Eso traerá gran paz y seguridad de protección, provisión y cuidado providencial del Señor. Meditar en la naturaleza de Dios como esposo te dará poder para ir al trono de la gracia en oración con el fin de obtener misericordia y encontrar la gracia que te ayude en cada situación.

> Porque tu marido es tu Hacedor; Jehová de los ejércitos es su nombre; y tu Redentor, el Santo de Israel; Dios de toda la tierra será llamado. Porque como a mujer abandonada y triste de espíritu te llamó Jehová, y como a la esposa de la juventud que es repudiada, dijo el Dios tuyo.
>
> —Isaías 54:5-6 RVR1960

Oraciones para activar la unción de Ana

> Me refiero a Jesús de Nazaret: cómo lo ungió Dios con el Espíritu Santo y con poder, y cómo anduvo haciendo el bien y sanando a todos los que estaban oprimidos por el diablo, porque Dios estaba con él.
>
> —Hechos 10:38

Ungir significa "untar o frotar con aceite o perfume con fines religiosos".[2] Mientras oras por la unción de Ana, Dios te ungirá y te apartará para el uso divino. En este tiempo de consagración y separación a la obra del Señor, debes dejar que las opiniones de los hombres no te afecten. La unción te hace responsable y garante ante la persona que impone la unción. Cuando eres ungida, Dios te da poder para realizar una tarea. La unción brinda seguridad y protección; nadie puede tocarte, ni siquiera los demonios ni el diablo.

   La unción de Ana te dará el poder de inquietar el corazón de Dios en el cielo para traer cambios a la tierra. A continuación tenemos tres oraciones que puedes orar para comenzar a activar esa poderosa unción en tu vida.

*Padre, clamo a ti para que impartas espíritu de gracia
y súplica. Creo que las oraciones eficaces de los justos
hacen que tu poder celestial esté a la disposición en la
tierra. Dejo a un lado mis sueños y planes, y sigo tu plan
y la tarea que me asignes. Sé que tus planes para mí son
buenos, no malos. Tus planes para la tierra son buenos,
no malos. Señor, úngeme para asociarme contigo en el
cumplimiento de la Gran Comisión. La esperanza de mi
futuro solo la encuentro en tu presencia. Permite que el
poder del Espíritu Santo llene cada área de mi vida con
tu sabiduría y tu valor. Amén.*

*Señor, te pido que me conviertas en una casa de ora-
ción. Creo que la identidad central de la iglesia es ser
una casa de oración para todas las naciones. Señor, el
clamor de mi corazón es este: "Hazme una casa de oración". Espíritu Santo, lléname con el conocimiento de tu
voluntad en sabiduría y entendimiento espiritual. Señor,
déjame ser un vaso que se use para tu gloria. Dame la
gracia de trabajar intercediendo por la liberación de tu
poder con el fin de ganar a los perdidos, reavivar la iglesia e impactar la sociedad con el evangelio. Me rindo al
Espíritu Santo mientras me ayuda con mis debilidades y
me enseña a orar. Dame un espíritu firme y tenaz como
el de Ana. Deseo ofrecerte mi vida como libación. Que
todos los días de mi vida sirvan a tus propósitos. Amén.*

*Padre, decido ser vencedora, no víctima, de las cir-
cunstancias que me rodean. Ayúdame a comprender que
soy una novia. Derrama tu poder y tu gloria sobre mi
vida. Soy el arma de tu indignación. Alzaré mi voz al
cielo hasta que vea un avivamiento sobre la tierra. No
seré conmovida ni estremecida, ni temeré por la gran
oscuridad sobre la tierra. Permite que la luz de tu gloria llene la tierra. Cualquiera que sea la adversidad que
pueda enfrentar, decido vencerla con el poder de tu amor.
Amén.*

Capítulo 1

LA VIDA DESPUÉS DE LA PÉRDIDA

Había también una profetisa, Ana, hija de Penuel, de la tribu de Aser. Era muy anciana; casada de joven, había vivido con su esposo siete años, y luego permaneció viuda hasta la edad de ochenta y cuatro. Nunca salía del templo, sino que día y noche adoraba a Dios con ayunos y oraciones.

—Lucas 2:36-37

Ana era una profetisa, hija de Penuel, de la tribu de Aser. La importancia del linaje de Ana juega un papel clave en lo poderoso de su historia. Las mujeres de la tribu de Aser eran aparentemente tan hermosas que los hombres de todas las tribus de Israel querían casarse con ellas. Hombres de los más altos rangos, como los sumos sacerdotes, buscaban a sus mujeres entre las hijas de Aser.

Las hijas de Aser también eran conocidas por ser "encantadoras y refinadas, lo que las hacía muy atractivas para la familia de los sacerdotes. Esas mujeres comprenderían y apoyarían mejor el trabajo del sacerdote, ya que reflejaban la naturaleza central de sus responsabilidades".[1] Un comentarista dice que el sacerdote "buscaba una esposa que entendiera la naturaleza de su trabajo, y encontraba las mejores candidatas entre las hijas de Aser. Su exquisita modestia demostraba un compromiso interno con el espíritu por encima de la carne".[2]

Ana se crio en la tradición judía y se le enseñó acerca del único Dios verdadero. Fue preparada, toda su vida, para que amara las cosas del espíritu más que las de la carne. Es probable que se haya casado alrededor de los trece años, cuando la mayoría de las niñas judías de esa época se casaban. Me la puedo imaginar como una joven de trece años el día de su boda, de pie ante el altar, llena de esperanzas y sueños respecto al futuro. Aunque no hay nada escrito sobre la vocación de su marido, podemos especular que era un hombre de alto rango. Así que Ana y su esposo se internan en la puesta del sol y viven su dicha conyugal durante siete años.

Entonces, llegó ese momento terrible que lo cambió todo: murió el esposo de Ana. En un instante pasó de ser esposa a ser viuda. Los sueños e ilusiones que tenía de convertirse en madre fueron arrebatados de repente por un acontecimiento imprevisible.

Mucho de lo que sabemos sobre Ana es por deducción, no por conocimiento directo. Solo puedo imaginar los cuestionamientos, el dolor y el miedo que inundaron su corazón y su mente: "¿Por qué a mí, Señor? ¿Por qué me ocurre esto? ¡Hice todo bien! Pero, ahora ¿qué? ¿Cómo voy a sobrevivir a esta desgracia?".

¿Qué haces tú cuando la vida te lanza una trágica bola curva? ¿Cómo recoges los pedazos destrozados de tu ser cuando lo único para lo que te has preparado, y con lo que soñaste, se desliza de repente entre tus dedos como arena soplada por el viento? ¿Cómo te recuperas cuando tu visión se ve empañada por el dolor y tu vida se sumerge en el abatimiento y la desesperación? ¿Qué haces cuando, de repente, te arrebatan un sueño de toda la vida sin previo aviso y sin que tengas culpa?

Como mujeres, todas nos hemos enfrentado a algún tipo de crisis, ya sea un matrimonio fallido, hijos drogadictos, cáncer de mama u otra enfermedad, pérdida de un trabajo, decisiones equivocadas o, como en el caso de Ana, la muerte repentina de un esposo. La crisis se puede definir como "una etapa en una secuencia de acontecimientos en la que se determina la tendencia de todos los sucesos futuros, especialmente para bien o para mal; punto de retorno; un trastorno dramático emocional o circunstancial en la vida de una persona 'que conduce a un cambio decisivo'". El camino para superar toda crisis imprevista se halla en aquel que triunfó y venció: Jesús de Nazaret. El propio Jesús nos dice en Juan 16:33: "En este mundo afrontarán aflicciones, pero ¡anímense! Yo he vencido al mundo". Esta escritura habla del cuidado providencial del Señor. *Providencia* proviene de dos palabras latinas: *pro*, que significa "antes", y *video*, que significa "ver".[3] Por tanto, puedes tener confianza en la capacidad de Jesús para ver lo que te espera en la vida y disponer de la provisión y el poder que te brinda para que venzas.

¿Cómo accedes a ese abrumador poder? Mi única respuesta es: esperanza. Con eso no me refiero a ilusiones. Creo que la esperanza es una persona y su nombre es Jesús. Jesús es esperanza. Él da esperanza. La esperanza es expectativa y confianza para ver la bondad de Dios en las situaciones difíciles de la vida. La esperanza es el ancla de tu alma cuando la vida se torna difícil de navegar.

Cuando las tormentas y las tribulaciones de la vida te azoten, puedes estar anclada en Cristo y su promesa de hacer que todas las cosas trabajen juntas para tu bien. Romanos 8:28 dice: "*Sabemos* que a los que aman a Dios, todas las cosas les ayudan a bien, esto es, a los que conforme a su propósito son llamados". La palabra *saber* significa "ver, percibir, notar, discernir, descubrir; comprender". Creo que la percepción y la comprensión de Ana, basadas en su experiencia personal con Dios, la prepararon para atravesar esa dificultad. Ella ya había descubierto que Dios estaba obrando con "todas las cosas" para su bien.

Dios ha prometido liberar su poder y su sabiduría para que superes las temporadas difíciles y aparentemente desesperadas que surgen en tu vida. Aferrarnos a esta promesa de Dios genera confianza y perseverancia más que ansiedad y temor al futuro. Cuando tienes un propósito y un destino en Dios, puedes estar segura de que Dios causará traumas, tragedias y desilusiones para trabajar juntos por tu bien. No estoy diciendo que

Dios haga que sucedan esas cosas traumáticas, pero las usará para sacar lo mejor de tu vida. Dios es muy intencional con respecto a tu crecimiento. ¡La respuesta correcta es que la crisis produce perseverancia, carácter y esperanza! Debes saber que seguramente hay una esperanza y que ¡tu futuro no se cortará! Sobrevivirás.

Cómo encontrar esperanza
en el rostro de Dios

Ana permitió que el único Dios verdadero convirtiera su crisis en una oportunidad de crecimiento y gracia. La Escritura dice que ella era hija de Penuel. Los padres judíos creían que el nombre de un niño era fundamental para forjar su identidad. Creían que la naturaleza, el carácter y el destino de los niños debían proclamarse en su nombre. *Ana* quiere decir "gracia"y el nombre de su padre, *Penuel*, significa "visión de Dios" o "rostro de Dios".[4] Hablando en términos proféticos, una Ana de nuestros días busca el rostro de Dios en oración, con el fin de hallar la gracia para superar las crisis personales y globales. Ana mostró el poder de la esperanza bíblica. La esperanza bíblica aparta la mirada del hombre y la enfoca en dirección a las promesas de Dios. Ella modeló su vida en oración, mirando con confianza y expectativa por las grandes cosas de Dios.

Si avanzas más de sesenta años después de la crisis de Ana, la encontrarás viviendo en el templo y sirviendo a Dios con ayuno y oración. Fue la primera mujer del Nuevo Testamento en ser llamada profetisa y en proclamar el nombre del Señor a todos aquellos que buscaban la redención. Ella redefinió lo que significaba ser viuda. En vez de esperar a que alguien sintiera simpatía por ella, usó su vida para mostrar compasión por los quebrantados de corazón y por aquellos que estaban tratando con la pérdida. Ana hizo el trabajo de evangelista.

En la vida de Ana, puedes ver la manera en que la gracia de Dios la condujo a una travesía con el objeto de que viera, literalmente, el rostro de Dios. Cuánta honra recibió aquella mujer al presenciar la llegada del Mesías al templo. Si lo permites, Dios despertará el destino y el propósito de tu vida y te revelará oportunidades para hacer cosas extraordinarias para él. Como mujer con la unción de Ana, debes estar segura —en tu corazón— de dos cosas: primera, Dios nunca enfrenta crisis y, segunda, él puede convertir las desgracias de tu vida en milagros. En verdad, él puede hacer mucho más en tu vida.

Aliados improbables: la tribulación, la perseverancia, el carácter y la esperanza

Y no solo en esto, sino también en nuestros sufrimientos, porque sabemos que el sufrimiento produce perseverancia; la perseverancia, entereza de carácter; la entereza de carácter, esperanza. Y esta esperanza no nos defrauda, porque Dios ha derramado su amor en nuestro corazón por el Espíritu Santo que nos ha dado.

—Romanos 5:3-5

La capacidad de tener fe en la bondad de Dios después de pasar por pruebas y dificultades no surge de la noche a la mañana. Quiero dejar claro que, en cuanto a eso, hay un proceso. Es más, en realidad, se necesita la ayuda sobrenatural del Espíritu Santo para cultivar la perseverancia, el carácter y la esperanza en medio de una crisis. Dios, en su sabiduría infinita, permite que esos aliados inverosímiles se vinculen en la guerra por el desarrollo de tu alma. La sanidad y la restauración no son resultados automáticos de las pruebas. Ocurren cuando respondes de manera correcta a Dios.

En el transcurso de esos tiempos, el diablo quiere llenar tu corazón de dolor, miedo y, en algunos casos, hasta de ira contra Dios. Sin embargo, el propósito de tus aliados de Romanos 5 es darte la capacidad de caminar en madurez. A menudo, el Señor no permitirá que resuelvas todos tus problemas porque quiere que confíes en él. Muchas veces las pruebas y las tribulaciones te llevarán directo a la presencia del Señor.

El diablo usará las pruebas para acusar a Dios. El enemigo te dirá que tus pruebas son la evidencia de que Dios no te ama, que eres una fracasada olvidada por Dios y que estás destinada al fracaso o que el cristianismo no es real. Pero puedes estar segura de que Dios está obrando, aun cuando no puedas ver ni sentir su obra.

La vida de Ana es un ejemplo perfecto de cómo las pruebas están destinadas a llevarnos a realinear nuestro corazón, a decidir vivir más cerca del Señor y a presionar en busca de la abrumadora solución del Espíritu para nuestros problemas. Ana enviudó cuando era una mujer joven de veintitantos años. Ella no huyó de Dios, sino que dedicó su vida al servicio de él. Creo que el desarrollo de esas tres virtudes —perseverancia, carácter y esperanza— le permitió a Ana ser una intercesora constante y firme, cuyas oraciones incesantes prepararon el escenario en el que nacería Cristo, la esperanza de gloria, en la tierra.

La respuesta correcta a la tragedia produce paciencia y perseverancia, la perseverancia produce carácter y el carácter produce esperanza. En Romanos 12:12, Pablo nos exhorta a regocijarnos en la esperanza, ser pacientes o soportar las pruebas y perseverar en la oración. La palabra *perseverar* en este versículo proviene del vocablo griego *hupomeno*, que significa "mantenerse firme en el conflicto, resistir la adversidad, resistir bajo estrés, mantenerse firme, perseverar bajo presión, esperar con calma y valentía. No es la resignación pasiva al destino y la simple paciencia, sino la resistencia activa y enérgica a la derrota que permite una resistencia serena y valiente".[5]

La perseverancia tiene sus raíces en la confianza en Dios. Puede definirse como "esfuerzo continuo para hacer o lograr algo a pesar de las dificultades, el fracaso o la oposición". La perseverancia es esa pequeña voz dentro de ti que dice: "En medio de mi fracaso, volveré a intentarlo mañana". La perseverancia te permite mantener un pie delante del otro, día tras, momento tras momento.

Ana brinda un notable ejemplo de perseverancia. Parece que nunca se amargó en medio de su prueba. Nunca perdió la esperanza en las promesas de Dios. Ella creía que vería la bondad del Señor, no solo en su vida, sino también en la vida de los demás, durante muchos años.

El lapso de tiempo transcurrido entre la pérdida de Ana y su encuentro con el niño Jesús fue de unos sesenta años. Constantemente y sin descanso se encontraba en el templo sirviendo al Señor. Eso dice mucho de su carácter.

El carácter de Ana fue impecable. El mismo tiene que ver con las cualidades mentales y morales que son características de una persona. El carácter moral tiene que ver con cómo respondes a determinada situación. El carácter es lo que surge de ti cuando se ejerce una presión extrema contra ti. Podemos ver, en las Escrituras, que Ana corrió *hacia* la presencia de Dios, no *desde* su presencia. Parece que encontró la fuerza y el valor para perseverar en la fe, a pesar de su pérdida. Es probable que digas en tu corazón: "Sí, eso es bueno para Ana, pero ¿cómo puedo superar mi situación?". Quiero animarte y decirte que todo empieza con una decisión. Debes elegir el camino del Señor. Volverte a él significa, simplemente, enfocar tu atención en las promesas de su Palabra y encontrar ayuda en su presencia.

Dios está levantando mujeres hoy que, como Ana, hayan pasado por el horno de fuego y se hayan mantenido firmes en las promesas de Dios. Dios está alistando a su ejército de mujeres que han perseverado a través de muchos obstáculos pero que aún lo aman con todo su corazón. Esas mujeres son parte de una fuerza especial que tienen la tarea de orar hasta que la gloria de Dios cubra la tierra, como las aguas cubren el mar.

Creo que estás leyendo este libro porque estás llamada a ser una Ana en estos tiempos modernos. Estás armada con la determinación de obedecer al Señor sin importar el costo. No le temes al enemigo ni a sus tácticas porque has visto que la bondad del Señor destruye el poder del enemigo en tu propia vida.

Al igual que Ana, debes desarrollar el arte de esperar en el Señor. La Escritura advierte: "Pero los que esperan a Jehová tendrán nuevas fuerzas; levantarán alas como las águilas; correrán, y no se cansarán; caminarán, y no se fatigarán" (Isaías

40:31 RVR1960). Una de las claves principales para desarrollar el carácter y mostrar fortaleza es esperar en el Señor. Es la clave para una vida victoriosa. Es la clave para mostrar un carácter piadoso. Esperar en el Señor implica servir, confiar y esperar ver su bondad en tu propia vida. Exploraremos el concepto de esperar en el Señor más profundamente en el capítulo que sigue. Ahora quiero hablarte de la última virtud que veo en la vida de Ana: la esperanza.

El casco de la esperanza

¿Por qué voy a inquietarme?
¿Por qué me voy a angustiar?
En Dios pondré mi esperanza
y todavía lo alabaré.
¡Él es mi Salvador y mi Dios!
Me siento sumamente angustiado;
por eso, mi Dios, pienso en ti
desde la tierra del Jordán,
desde las alturas del Hermón,
desde el monte Mizar.
Un abismo llama a otro abismo
en el rugir de tus cascadas;
todas tus ondas y tus olas
se han precipitado sobre mí.
Esta es la oración al Dios de mi vida:
que de día el Señor mande su amor,
y de noche su canto me acompañe.

—Salmos 42:5-8

La esperanza es una unción que Dios compara con un casco porque protege tu mente (1 Tesalonicenses 5:8). También es un ancla que hace que tu alma esté segura cuando las olas de incertidumbre golpean tu vida (Hebreos 6:19). La esperanza es el ancla de tu alma, ancla que está arraigada en la fidelidad de Dios. Otra forma de decir esto es que la esperanza es una reserva de fuerza para tu mente, tu voluntad y tus emociones. La esperanza no es una ilusión, es mucho más que eso. La mente es el campo de batalla de Satanás. Tus emociones siguen a dondequiera que vaya tu mente. Tus pensamientos, palabras y emociones están profundamente vinculados. Lo que piensa y lo que sale de tu boca afecta en gran medida tu condición emocional.

Puedes ver en el Salmo 42:5-8 que el alma puede cansarse mucho, confundirse y llenarse de desesperanza. Por tanto, debes encontrar esperanza en el rostro de Dios. Debes estar segura de que en esos momentos su rostro está hacia ti y que eres el objeto de su enfoque y cuidado amoroso. Él ha prometido estar contigo tanto de día como de noche.

Debes estar segura de que Dios tiene un futuro y una esperanza para ti. Mi descripción favorita de la esperanza se puede encontrar en Oseas 2:15: "Allí le devolveré sus viñedos, y convertiré el valle de la Desgracia en el paso de la Esperanza. Allí me corresponderá, como en los días de su juventud, como en el día en que salió de Egipto". Esa escritura describe la esperanza como una puerta al futuro.

Creo que Ana encontró una puerta de esperanza a su futuro en el lugar de oración y adoración. Cuando se despliega adecuadamente, la esperanza pinta un cuadro del futuro para todas nosotras. Podemos evitar la angustia y la ansiedad innecesarias al decidir dejar de pensar en nuestros problemas. Es probable que, a veces, nos preocupemos tanto preguntando "¿Por qué, Dios?" y "¿Hasta cuándo, Dios?" que no ejercitamos nuestra fe. Muchas veces nos sentimos consumidas tratando de encontrar las respuestas a todos los problemas de la vida. Debemos aprender a confiar en que, si Dios no lo hace a nuestra manera, la de él es mejor.

Es en tiempos de incertidumbre que debes confiar en la voluntad de Dios para ti, aun cuando no comprendas cómo manifiesta su mano en tu vida. La mano de Dios habla de sus tratos estratégicos y de sus planes para tu futuro. Ana dio un excelente ejemplo de confianza en la voluntad del Señor en medio de una crisis.

Por su parte, Jeremías 29:11 dice: "Porque yo sé muy bien los planes que tengo para ustedes —afirma el Señor—, planes de bienestar y no de calamidad, a fin de darles un futuro y una esperanza". Esta promesa se hizo a Israel en medio de una gran devastación. Dios está exhortando a su pueblo a que no deje que la devastadora situación de la vida determine su nivel de expectativa. Ana debe haber seguido este principio durante toda su vida.

La vida es un proceso, no un acontecimiento. Si fracasas hoy, si las cosas se derrumban, puedes empezar de nuevo. Pase lo que pase, nunca es demasiado tarde para empezar a hacer y creer en las cosas correctas. Nunca es demasiado tarde para un nuevo comienzo en tu vida. Debe dejar de lado los reveses dolorosos, los errores, los fracasos y las decisiones equivocadas para abrazar la esperanza de un futuro brillante. Esta es la hora para no dejar que las decepciones, los contratiempos ni las pérdidas de la vida definan tu futuro. Debes mirar tu vida con ojos de esperanza y adoptar el punto de vista de Dios. Debes encontrar esperanza en Cristo.

Oraciones, decretos y Escrituras que acaban con la depresión y activan la esperanza

Señor, creo que me darás hermosura por ceniza. Recibo fuerzas en vez de miedo al futuro. Señor, gracias por saturar mi corazón con óleo de alegría. Decido ponerme el manto de alabanza en lugar del espíritu de luto y tristeza. Tu presencia trae paz a mi alma.

Destruyo el espíritu de desesperanza que hay en mi vida, en el nombre de Jesús.

Decido creer que veré la bondad del Señor en la tierra de los vivientes.

Opto por la esperanza en medio de las situaciones difíciles de la vida. Soy vencedora.

Me regocijaré en la esperanza.

Tendré paciencia en las pruebas y en las tribulaciones.

Continuaré orando sin descanso al Dios de mi salvación.

Alégrense en la esperanza, muestren paciencia en el sufrimiento, perseveren en la oración.

—Romanos 12:12

Padre, creo que me amas y me cuidarás como lo prometes en tu Palabra. Alzo mis ojos de fe y te veo: Autor de mi vida. Dejo mis preocupaciones en ti, porque tú me cuidas. Creo que vendrás y me cuidarás. Estoy seguro de que no me abandonarás. Confío en los planes que tienes para darme el futuro que esperaba. Señor, llena mi mente con lo que piensas de mí. Me puse el casco de la esperanza. Apagué la voz de la desesperación. Deja que mi mente y mi corazón se llenen de tus preciosos pensamientos con mi vida.

"Porque yo sé muy bien los planes que tengo para ustedes —afirma el SEÑOR—, planes de bienestar y no de calamidad, a fin de darles un futuro y una esperanza".

—Jeremías 29:11

Dios de esperanza, lléname de todo gozo y toda paz. En ti confiaré de todo corazón, no me apoyaré en mi propio entendimiento. Creo que abundaré en esperanza por el poder del Espíritu Santo. Reprendo la vacilación en todos los sentimientos respecto a la esperanza. No permitiré que mi corazón sea abrumado y deprimido. Por la fe alzaré mi voz y te alabaré. Creo que, en la plenitud de los tiempos, se cumplirán mis deseos. Seré fuerte y me animaré porque he puesto mi esperanza en ti, Señor.

Señor, estás cerca de los quebrantados de corazón y salvas a los abatidos de espíritu. Admito que estoy decepcionada. Vengo valientemente sin reservas ni vacilaciones a tu trono para obtener misericordia y encontrar la gracia que me ayude en mis momentos de necesidad. Necesito tu gracia para continuar. Permite que tu presencia me arrope. Sé mi escudo y gran recompensa. Creo en tu poder salvador y liberador. Tú eres mi Salvador y me rescatarás.

Que el Dios de la esperanza los llene de toda alegría y paz a ustedes que creen en él, para que rebosen de esperanza por el poder del Espíritu Santo.

—Romanos 15:13

No dejaré que el diablo robe mis expectativas. Sé que seguramente hay un futuro para mí, por lo que mi expectativa no se cortará. No me conformaré con menos de lo que me has prometido. Aprovecho la esperanza que sé que me has dado. Confío en el Señor con todo mi corazón, no he de apoyarme en mi propio entendimiento. No permitiré que mi expectativa se vea interrumpida por el miedo, la duda, la incredulidad ni el tiempo.

Porque ciertamente hay fin, y tu esperanza no será cortada.

—Proverbios 23:18 RVR1960

La esperanza de los justos es alegría; mas la esperanza de los impíos perecerá.

—Proverbios 10:28 RVR1960

Bendito el hombre que confía en el Señor y pone su confianza en él.

—Jeremías 17:7

Señor, mi esperanza está en ti. Tú eres mi Señor, mi fortaleza y la esperanza de mi salvación. Confío en tu Palabra.

Soy bendecida y muy favorecida. Tu estandarte sobre mí
es el amor. Corro hacia tu presencia y estoy a salvo.

Mas yo esperaré siempre, y te alabaré más y más.

—Salmos 71:14 RVR1960

Espere Israel a Jehová, porque en Jehová hay misericordia, y abundante redención con él.

—Salmos 130:7 RVR1960

Padre, en ti espero. Viviré con rectitud y te serviré con
óleo de alegría. Decreto que todo mal plan y estrategia
contra mi vida serán destruidos. Anulo todas las asignaciones perversas en contra de mi vida. Por siempre alabaré tu santo nombre. Participo de tus misericordias; son
nuevos cada mañana. Tu amor nunca falla y tu misericordia perdura para siempre.

Soy bendecida porque confío en el Señor. No confiaré
en el brazo de la carne porque mi esperanza, mi expectativa y mi confianza están en ti, mi Señor. No dejaré que
se me corte la esperanza. En ti esperaré de continuo.

Te doy gracias, Señor, porque tienes misericordia y
gracia en tu corazón para conmigo. Te bendeciré y te alabaré continuamente. Tu Palabra es verdad. No puedes
mentir. Cumplirás el deseo de todo ser viviente. Señor, te
doy gracias porque abres tu mano y satisfaces mi deseo.

Cristo, en cambio, es fiel como Hijo al frente de la casa
de Dios. Y esa casa somos nosotros, con tal que mantengamos nuestra confianza y la esperanza que nos
enorgullece.

—Hebreos 3:6

Señor, hay momentos en los que siento que no tengo
esperanza. Ayúdame a mantener mi confianza firme en ti.

Señor, dame la gracia que necesito para perseverar frente a la derrota.

Lo hizo así para que, mediante la promesa y el juramento, que son dos realidades inmutables en las cuales es imposible que Dios mienta, tengamos un estímulo poderoso los que, buscando refugio, nos aferramos a la esperanza que está delante de nosotros. Tenemos como firme y segura ancla del alma una esperanza que penetra hasta detrás de la cortina del santuario.

—Hebreos 6:18-19

Padre, aprovecho la esperanza que me has dado, puesto que no puedes mentir. Encuentro refugio y un gran aliento en tu presencia, y encuentro la fuerza interior que necesito para aferrarme con firmeza —mediante la oración y la alabanza— a la esperanza que me has dado.

Yo creo en tu Palabra. Te doy gracias, Señor, porque no eres como el hombre. No puedes mentir. Eres un Dios de integridad. Cumplirás cada palabra que has pronunciado en cuanto a mi vida, cada promesa. Confío en tu amor y en tu carácter.

Tus palabras son un ancla para mi alma. Tú eres mi refugio y mi fortaleza. Corro hacia ti y me siento a salvo. Tengo una expectativa inquebrantable. No importa lo que la vida intente lanzarme, tú eres mi ancla. Tu Palabra me mantiene firme, inamovible y abundante en tu amor. Te esperaré y esperaré el cumplimiento de tus palabras.

Por eso, dispónganse para actuar con inteligencia; tengan dominio propio; pongan su esperanza completamente en la gracia que se les dará cuando se revele Jesucristo.

—1 Pedro 1:13

Capítulo 2

UNA VIDA DE SACRIFICIO

[Ana] era viuda hacía ochenta y cuatro años; y no se apartaba del templo, sirviendo de noche y de día con ayunos y oraciones.

—Lucas 2:37

Me intriga este pasaje de las Escrituras que dice que Ana no se fue del templo, sino que servía al Señor con ayuno y oración día y noche. ¿Qué podía hacer que una mujer no quisiera nunca salir del templo? ¿Sería la decoración exquisita? ¿Era que los asistentes del templo fueron amables con ella y se sintió segura y protegida? ¿Podría haber sido que su vida era tan desolada y solitaria que no tenía nada más que hacer? Quizás. Sin embargo, creo que Ana quedó cautivada por la presencia del Señor. Encontró su destino esperando en la presencia del Señor. Encontró la perla de gran precio y vendió todo para comprarla.

La palabra griega para *sirviendo* en este pasaje es *latreuō* significa "la extrema devoción y servicio de uno a algo que adora".[1] Eso representa el servicio del sacerdocio. Esta palabra también describe a alguien que sirve a Dios como la meta más alta de su vida. *Latreuō* implica prestar atención indivisa, vivir cerca de alguien y hacer de su vida un sacrificio vivo.[2] Las que tienen la unción de Ana pondrán intencionalmente sus vidas al cuidado cercano de Dios. Presentarán sus cuerpos como sacrificios vivos a Dios. Se entregarán a sí mismas y todo lo que son al plan y propósito de Dios para sus vidas.

La Ana de nuestros tiempos se fascinará por el amor de Dios. Sus oraciones y sus ayunos no se basarán en el deber, sino que estarán motivados únicamente por ser amadas por Dios. Dios es amor. Su naturaleza es el amor. Él es el Dios de profundo amor y anhelo. El Señor está levantando mujeres modernas con la unción de Ana que conozcan su amor y su bondad. Vendrán a buscarlo basándose en la confianza de que él las ha amado, por lo que escucharán y actuarán de acuerdo a sus oraciones.

Dios está desafiando y cambiando todos los conceptos erróneos sobre la oración. Uno de los conceptos erróneos más comunes sobre la oración es que todos los cristianos tienen el deber de orar; si vas a ser un buen cristiano temeroso de Dios, debes orar todos los días. Se nos han dado definiciones incorrectas y tergiversaciones de la personalidad de Dios. Dios no está sentado en el trono con un manto negro esperando juzgar nuestras imperfecciones. Nos hemos relacionado con Dios como si fuera una entidad religiosa que es Señor del universo únicamente y no un Padre amoroso. El cuadro pintado por algunos es que Dios está distante y no le interesan los asuntos de los hombres, y tenemos que persuadirlo de alguna manera a través de la oración ferviente para que actúe a favor nuestro.

Algunos maestros te darán la impresión de que Dios simplemente está sentado en el trono mirando hacia abajo a los humildes obreros, dejando que nuestro mundo se deteriore rápidamente y que se nos esté acabando el tiempo. Este tipo de mentalidad promueve oraciones basadas en el miedo, la vergüenza y la culpa. Sin embargo, la oración nos da poder para conocer a Cristo íntimamente. La oración mueve la mano de Dios para trabajar intrincadamente en nuestras vidas. Es el mecanismo que Dios ha ordenado para derramar su poder y sus bendiciones en nuestras vidas. Si acoges la unción de Ana, serás llena del conocimiento de su voluntad y su comprensión espiritual para que navegues bien por la vida.

La Ana de hoy en día será una mujer cuyo corazón es capturado por el amor de Dios. Será una mujer arraigada y cimentada en el amor de Dios. Efesios 3:19 declara que debemos conocer el amor de Dios. La mujer que posea la unción de Ana conocerá el amor de Dios en una manera íntima. Experimentará en persona el poder transformador del amor. No podemos amar a Dios con todo nuestro corazón hasta que sepamos que él nos ama con todo su corazón. Cuando Dios quiere empoderarnos para amarlo, se revela como aquel que nos ama. "Lo amamos porque [entendemos que] él nos amó primero" (1 Juan 4:19). La Ana de hoy recibirá la recompensa de un amante, que es el poder de amar. La Biblia enseña que no hay mayor amor que dar la vida por un amigo (Juan 15:13). La Ana de nuestros días, felizmente, dejará a un lado los placeres de la vida para trabajar con el Señor en intercesión por las naciones.

La invitación divina

Vengan a mí todos ustedes que están cansados y agobiados [por rituales religiosos que no brindan paz], y yo les daré descanso [refrescando sus vidas con la salvación]. Carguen con mi yugo y aprendan de mí [siguiéndome como discípulos míos], pues yo soy apacible y humilde de corazón, y encontrarán descanso [renovación, serenidad] para su alma. Porque mi yugo es suave [de llevar] y mi carga es liviana.

—Mateo 11:28-30

Quiero compartir con ustedes mi travesía para descubrir y caminar en la unción de Ana. Era el 3 de marzo de 1991, un domingo por la mañana. Puedo recordarlo con suma claridad porque fue un día después de mi fiesta de cumpleaños veinticinco cuando mi entonces esposo me pidió el divorcio. Fue uno de los momentos más devastadores de mi vida. Sus acciones me sorprendieron por completo. La noche anterior estábamos celebrando con amigos y familiares; me había regalado una fiesta de cumpleaños sorpresa. Estábamos trabajando en nuestro segundo hijo, así que realmente pensé que éramos felices. Creí que lo del divorcio era solo un sueño, tal vez no lo escuché bien. Entonces lo proclamó audazmente de nuevo: "¡Quiero el divorcio!". Sus palabras enviaron ondas de choque a través de mi sistema, su voz reverberó a través de mi sistema nervioso desatando un espíritu de miedo a través de todo mi ser, y me enfermé de inmediato. Sentí como si alguien me arrebatara la alfombra de debajo de mis pies y me dejara sentada tratando de averiguar qué camino era el mejor.

Recuerdo haber clamado al Señor: "¿Por qué yo? ¿Por qué esto? ¿Por qué ahora?". En realidad, amaba estar casada. Tuvimos una hija. Quería que ella creciera con su padre en casa. Estábamos planeando y tratando activamente de tener otro niño. Yo era una buena chica bautista que se casó con el hijo de un predicador el día de Navidad. Enseñábamos juntos en la escuela dominical. Se suponía que eso no me iba a pasar. Después de una serie de acontecimientos que sucedieron en un lapso de tres meses, me encontré de pie ante el tribunal de un juez y escuché un mazo golpeando el escritorio mientras el magistrado declaraba la disolución de mi matrimonio. Sentí como si mi vida se estuviera cayendo en picada fuera de mi control. Con el sonido de aquel mazo, mi vida se estrelló de cabeza contra el suelo. Mientras caminaba hacia el elevador, escuché una voz de trompeta desde el cielo que decía: "¡Ven y aprende de mí!". Al principio, me dije a mí misma: "Diablo, no me volverás loca. ¡Cubro mi mente con la sangre de Jesús!". Entonces la escuché de nuevo: "¡Ven y aprende de mí!".

Pronto me di cuenta de que, en medio de la angustia y la devastación, el amor del Padre Dios me estaba alcanzando. Esa afirmación —"Ven y aprende de mí"— estaba llena de Espíritu y de vida. El Señor me estaba alejando, por su Espíritu, de algo temporal a algo eterno. Esa proclamación reverberó por todo mi ser, desatando una paz que superó todo mi entendimiento. Estaba siendo llamada al servicio del Señor. Recuerdo haber llorado amarga e incontrolablemente. Me sentí viuda, como si mi esposo hubiera muerto.

El final de mi matrimonio activó una sensación de pérdida con respecto a mi identidad, mi seguridad y mi protección. Pero también me lanzó a la mayor búsqueda de mi vida. El Señor Jesús me reveló las verdaderas riquezas del reino. Con la ayuda del Espíritu Santo comencé a poner mi corazón solo en el Señor como un tesoro incomparable. A través de la oración y la meditación en la Palabra, mi corazón se liberó de cualquier deseo excesivo o apego a cosas que me impedían dar libremente todo lo que tenía al Señor con gozo y gratitud por todo lo que me había dado. Encontré nuevo gozo y deleite en la presencia del Señor. Mi corazón experimentó un despertar en cuanto al verdadero amante de mi alma.

Las que poseen la unción de Ana tendrán un corazón ardiendo de amor y deseo por el Señor y sus propósitos. Cultivarán una relación íntima con el Señor, la que las empoderará para ser llamas vivientes de amor entre una generación perdida. Tuve que aprender que el Señor me estaba llamando para que me apartara de todas las actividades religiosas de mi vida y desarrollara una relación personal y real con él. Pensé que hacer suficiente actividad religiosa me eximiría de la destrucción y la pérdida. Jesús nunca prometió que no ocurrirían situaciones difíciles y dolorosas en nuestra vida sino que, si acudimos a él en el lugar de oración, encontraremos descanso y refrigerio para nuestras almas. Dios no causa muerte, divorcio ni acontecimientos desalentadores, pero los que surgen los usa como una cadena para vincularnos con las cosas buenas por venir. Dios usará los sucesos ordinarios en nuestras vidas, ya sean maravillosos o trágicos, para movernos hacia nuestro destino. Aquellas que tienen la unción de Ana son mujeres que entienden que todas las cosas funcionan para el bien de ellas.

Día tras día su divina presencia me llevó a aprender más sobre el amor verdadero. Estudié mi Biblia por horas, buscando significado. Durante ese período de mi vida, programé todo en torno a mi tiempo devocional con el Señor. Me estaba volviendo como Ana, todo lo que quería hacer era estar en la presencia del Señor día y noche. El Señor, por el poder de su amor, había capturado mi corazón y yo era de él para siempre.

La Biblia nos dice que el Señor nos ama con amor eterno y nos atrae hacia él con misericordia (Jeremías 31:3). El Señor nos invita por medio del Espíritu Santo a tomar su yugo, porque es fácil y su carga es liviana (Mateo 11:29-30). Si vas a ser una Ana de hoy en día, debes asumir una acción deliberada para agarrar el yugo del Señor. Mateo 11:29 dice: "Carguen con mi yugo... porque mi yugo es suave y mi carga es liviana". La palabra *carguen* en griego significa *"levantar algo deliberadamente o tomar de manera intencional"*.[3] Un yugo es un utensilio de madera que une a dos animales para que puedan combinar sus fuerzas con el fin de conducir un arado. Las mujeres que tienen la unción de Ana se unirán en yugo con Jesús. Una vida de oración unida a Jesús hace que el intercesor sea insuperable. No hay principado ni demonio que pueda detener la oración del intercesor. La vida que alguna vez fue dura y que estuvo llena de ansiedad y miedo se vuelve placentera. Aquellas que poseen la unción de Ana comprenden lo que significa asociarse con el Señor en oración para llevar a cabo sus planes y sus propósito con la humanidad en la tierra.

Una devoción indivisible

> Por lo tanto, hermanos, tomando en cuenta la misericordia de Dios, les ruego que cada uno de ustedes, en adoración espiritual, ofrezca su cuerpo como sacrificio vivo, santo y agradable a Dios.
>
> —Romanos 12:1

Las que tienen la unción de Ana serán mujeres que habrán decidido convertirse en sacrificio vivo para el Señor. Ellas implementarán tres principios esenciales: presentar sus cuerpos, permanecer en Cristo y esperar en el Señor. Las mujeres con la unción de Ana cultivarán el arte de presentar sus cuerpos al Señor como un servicio razonable. También aprenderán a permanecer en la presencia del Señor, permitiendo que su Palabra more en ellas y pidiendo que la voluntad y la mente de Dios habite en nuestra generación. Esas Ana desarrollarán la habilidad de esperar en el Señor para ganar fuerza y longevidad en vez de una intercesión sostenida. Esas mujeres hallarán que la clave del poder y la autoridad reside en el desarrollo de una intimidad con el Señor.

Presenta tu cuerpo

En Romanos 12:1, el apóstol Pablo nos da un modelo en cuanto a cómo llegar a ser un sacrificio vivo para Dios. La clave principal se encuentra en la palabra *presenta*. En griego significa *"colocar al frente o al lado; poner a disposición de alguien; rendirse; ofrecerse, como se ofrece un sacrificio a Dios; o presentarse, como se presenta una ofrenda especial a Dios"*.[4] La presentación abarca oraciones de dedicación y sumisión. Es una acción deliberada por medio de la que se somete la voluntad de la persona a la voluntad del Señor. Es un momento solemne en tu vida en el que intencionalmente te colocas o te humillas bajo la poderosa mano de Dios. Esta no es una acción de una sola vez; la mujer como Ana vive en un estado continuo de consagración y entrega. Aquellas que poseen la unción de Ana se entrenan para despertar cada mañana con una oración de consagración en su corazón, sometiéndose a los propósitos de Dios.

Permanece en Cristo

En Juan 15:7, Jesús declara: "Si permanecen en mí y mis palabras permanecen en ustedes, pidan lo que quieran, y se les concederá". La Ana de hoy cultivará la virtud de permanecer en la presencia del Señor, con lo que hará más eficaces sus oraciones. *Permanecer*, en griego, es la palabra *meno*, que significa "quedarse, permanecer, continuar o habitar permanentemente en un lugar".[5] La palabra *meno* da la idea de que algo está arraigado, inmóvil y firme. Aprendemos a permanecer en Cristo aplicando la Palabra de Dios a nuestra vida diaria. Debemos mirar obedientemente su Palabra como la autoridad concluyente en nuestras vidas. Debemos aplicar sus promesas a nuestro corazón. Nuestros corazones y nuestros deseos se transforman en una vida que da frutos. Ana permaneció en la presencia del Señor. El Señor habita progresivamente en nuestros corazones a medida que manifiesta su presencia en nuestra mente y nuestras emociones. Al permanecer en el Señor, mientras que su Palabra permanece en nosotras, nos da autoridad en el reino espiritual. La verdadera autoridad fluye del amor. Las Ana de esta era tendrán autoridad para cumplir la voluntad del Señor en la tierra.

Espera en el Señor

Isaías 40:31 (paráfrasis) nos da una imagen de los beneficios de esperar en el Señor:

> Los que esperan en el Señor [que anhelan, lo buscan y tienen su esperanza puesta en él] tendrán nuevas fuerzas y renovarán su poder; levantarán sus alas [y se acercarán a Dios] como águilas [elevándose hacia el sol]; correrán y no se cansarán, caminarán y no se fatigarán.

Las mujeres que tienen la unción de Ana obtendrán nueva fuerza y resistencia mientras esperan en el Señor en oración. Esperan con expectativa y esperanza. Esa espera implica una *fe activa*. Pero no es una fe que se dedica a "arreglar las maletas y esperar hasta que Jesús venga", es una fe que promueve activamente el evangelio del reino en espera del avivamiento. Ana esperó en la presencia del Señor por sesenta años antes de ver la promesa del Mesías. Era una mujer de gran fe. Ella miró con paciencia, se demoró y esperó con gran expectativa, esperando en oración el cumplimiento de la promesa.

La palabra *espera*, en este pasaje, proviene del vocablo hebreo *qavah*, que significa "unir (quizás torciendo)" y "ser fuerte, robusto". Aquellas con la unción de Ana desarrollarán el arte de esperar en el Señor a través de la adoración, la oración y el estudio de la Palabra. Sus corazones se unirán al Señor. Desarrollarán intimidad con el Señor al comprender lo poderoso que es morar en su presencia. Se convertirán en mujeres valientes que comprenderán el corazón y la mente del Señor (1 Samuel 2:35).

"Levantarán sus alas como águilas" es una referencia a volar. *Elevarse* significa "subir por encima de los niveles normales y deslizarse en lo alto, en el aire". Esperar te permitirá ver la vida desde la perspectiva de Dios. Elevarse es la capacidad de discernir la dirección del viento de Dios a través de nuestra experiencia celestial o nuestra relación con el Señor al esperar en él. Se dice que el águila es la único ave que puede mirar directamente al sol. Creo que aquellas que tienen la unción de Ana desarrollarán la gracia de mirar el rostro del Hijo, y comprenderán su corazón y su mente con gran precisión a través de la intercesión por su generación. Como hemos dicho, el nombre Ana significa "gracia" y era hija de un hombre cuyo nombre significa "rostro de Dios". La vida de Ana señalaba la gracia de mirar el rostro de Dios. Mirar el rostro de Dios se refiere a conocer los caminos de Dios y no solo los actos de Dios. Mirar el rostro de Dios simboliza conocer a Dios.

"Correrán y no se cansarán" habla de la capacidad de Ana para orar constante e incansablemente día y noche. El combustible de Ana para la oración se encontraba en la presencia del Señor. La Ana de estos tiempos será "fuerte en el Señor y en el poder de su fuerza" (Efesios 6:10). Orará por el Espíritu, no por las obras de la carne.

Habrá ocasiones en las que las cosas por las que oras, es probable que tarden una década o incluso una vida en cumplirse, pero aquellas que tienen la unción de Ana seguirán esperando en la presencia del Señor con una confianza serena. Aunque Ana perdió a su esposo a una edad temprana, creo que tuvo la capacidad de esperar en la presencia del Señor, confiando en él para la sanidad, la liberación y el cumplimiento de sus promesas.

Ana cultivó la habilidad de esperar en su espíritu, así fue como esperó anhelante ver al Mesías. Su espíritu estaba vivo y despierto, anticipando la llegada del Mesías. Se podría decir que Ana sabía la hora exacta en que Jesús entraría al templo a través de una visión profética, porque mientras esperaba en la presencia del Señor, él le informó: "¡Es hora! ¡Tú promesa está aquí!".

Mientras esperaba en el Señor con respecto a este libro, él comenzó a hablarme acerca de su integridad y su carácter. Habló a mi corazón con esa voz tierna y apacible que puede sonar muy fuerte con la verdad. Me dijo: "Michelle, soy un Dios de gran integridad. Yo no miento. ¡Cada promesa que he hecho a mi pueblo la voy a cumplir! ¡No estoy jugando con sus vidas!". Muchas veces el enemigo intentará engañarnos haciéndonos pensar que el Señor está desconectado de nuestras vidas, pero esa es una mentira del abismo, del infierno. La fidelidad y el amor de Dios fueron probados y comprobados a través de Jesucristo. Podemos presentarnos, con valentía, al trono de la gracia.

La clave para que te conviertas en una Ana moderna es que cultives e implementes los principios de presentar tu cuerpo como un sacrificio vivo, permanecer en Cristo y esperar en el Señor. Todas estas cosas tienen su origen en la confianza en el carácter del Señor. No es como el hombre, él no puede mentir. Puedes confiar en él con seguridad cuando entregas toda tu vida al servicio de él.

Oraciones de presentación, permanencia y espera

Señor, te presento mi cuerpo como sacrificio vivo. Me acerco a ti con todo mi corazón. Me entrego a ti. Quiero ser santa y agradable para ti. Mi vida está en tus manos.

Te entrego mi corazón, todos mis dolores y desilusiones. Crea en mí un corazón limpio y renueva dentro de mí un espíritu recto y firme. Señor, llévame al monte de la transfiguración. Quiero ser transformada a tu imagen. Hazme como tú. Muéstrame por qué me creaste.

Creo en tu Palabra. Tú eres la vid y yo el pámpano. En ti me mantengo y permanezco todos los días de mi vida. Sin ti no puedo hacer nada. Te necesito a ti tanto como tu presencia en mi vida. Guíame y dirígeme con tu Espíritu. Quiero tener frutos que permanezcan en mi vida. Quiero tener un carácter piadoso mientras permanezco en ti. Muéstrame tus caminos. Guíame por la senda de la justicia por amor de tu nombre.

Te esperaré, Jesús. Eres la fuerza de mi vida. Señor, te pido que renueves mis fuerzas como las del águila. Que esta sea una temporada de refrescamiento y renovación en mi vida. Creo que das poder al débil y al que no tiene fuerzas, aumentas las mías. Recibo tu divino poder en mi ser. Destruyo todo el desánimo y la debilidad de mi vida. Decreto que soy fuerte en el Señor y en el poder de su fuerza. ¡No me cansaré ni desmayaré! Miro hacia las colinas de donde viene mi ayuda. ¡Mi ayuda viene del Señor!

Capítulo 3

LA PROFETISA

Jerusalén, sobre tus muros he puesto centinelas que nunca callarán, ni de día ni de noche. Ustedes, los que invocan al Señor, no se den descanso; ni tampoco lo dejen descansar, hasta que establezca a Jerusalén y la convierta en la alabanza de la tierra.

—Isaías 62:6-7

El cielo está listo para invadir la tierra con un poder innegable como en los días del libro de los Hechos. Hay un gran despertar en el horizonte lleno de un glorioso avivamiento. Ese avivamiento no sucederá en el vacío. La oración ha de precederlo.

En Isaías 62:6-7, los que invocan al Señor son los intercesores proféticos que Dios está levantando sobre la tierra. La frase *los que invocan* es clave para describir la función de aquellas que poseen la unción de Ana. *Invocar* proviene de la palabra hebrea *zachar*, que significa "recordar, traer a la mente, rememorar; también, mencionar, meditar, marcar, registrar, evocar y retener en los pensamientos".[1] La compañía especial de mujeres con la unción de Ana se apoderará del altar de Dios en oración, razonando con el Señor y recordándole sus promesas a la humanidad. Creo que Ana fue el comienzo del cumplimiento de esa promesa profética. Hay una generación de mujeres que ayunarán y orarán, preparando el camino para que la gloria y el poder del Señor vengan a la tierra.

La oración es la forma principal que Dios ha elegido para derramar su poder sobre la tierra. La asignación principal de la profetisa Ana era en el templo o casa de Dios. Ella era una profetisa intercesora. A través de su ayuno y sus oraciones ayudó a preparar el camino para la venida del Señor. Creo que ella representó a las vírgenes prudentes de Mateo 25, hizo que le arreglaran la lámpara, la encendieran y la llenaran con aceite del Espíritu. No dormía ni estaba quieta; se dedicó a la vigilia en oración y pagó un precio. Su oración de día y de noche representaba el poder de la vigilia del Señor. Era una oración severa y urgente. Aquellas con la unción de Ana comprenderán el poder de orar de día y de noche, principio que trataremos en el próximo capítulo.

Dios está despertando una vez más una compañía de mujeres parecidas a Ana. Esta es una época en la historia en la que se necesita una oración radical para traer la gloria de Dios a la tierra. El Señor está colocando centinelas en los muros para clamar con desesperación a Dios con el objeto de que visite nuestras iglesias, transforme la sociedad, la liberte y libere a los cautivos. Dios está levantando una compañía de mujeres como Ana que tendrán la unción para ver en el espíritu y en las Escrituras, señalando lo que Dios está a punto de hacer en la tierra. Esto les ha de permitir que comprendan los divinos tiempos de Dios y proclamarlos a quienes busquen la salvación.

¿Qué es la intercesión profética?

Si de veras son profetas y tienen palabra del Señor, que le supliquen [intercedan] al Señor Todopoderoso que no sean llevados a Babilonia los utensilios que aún quedan en la casa del Señor, y en el palacio del rey de Judá y en Jerusalén.

—Jeremías 27:18

El término supliquen [o *intercesión*] tiene varios significa-
dos. En esta sección quiero echar un vistazo a la palabra usada
en el Nuevo Testamento. El apóstol Pablo usó la palabra griega *enteuxis*, que significa "una oración con un tiempo, lugar
y propósito de reunión establecidos" y "mediar o sustituir a
otro".[2] También puede significar "una petición a un rey", en el
sentido de presentarse ante el monarca para hacerle una solicitud o pedido. Eso nos lleva a inferir que los intercesores proféticos tienen acceso íntimo y comunión con el Rey de reyes. A
través de la oración tenemos tanto privilegio como poder. "No
es que la oración en sí misma tenga el poder, sino que tenemos
acceso a aquel que tiene el poder".[3]

La intercesión profética constituye una mezcla de lo sacerdotal y lo profético. En términos más sencillos, la oración es
hablar con Dios mientras que la profecía es declarar lo que
él ha dicho sobre un tema específico. La intercesión profética
combina el oficio del sacerdote con el del profeta. El sacerdote adora, tiene comunión con Dios y ministra a Dios, mientras
que el profeta habla al pueblo en nombre de Dios. La intercesión profética se origina en la mente de Dios. Es un tipo
de oración inspirada por el Espíritu Santo. Se expresa cuando
el Espíritu Santo aviva tu espíritu humano proporcionándote
escrituras particulares para que las apliques al asunto en cues-
tión, una necesidad urgente en el corazón de Dios. Cuando hay
un tiempo establecido para dar a luz una promesa de Dios en
la tierra, Dios deja caer una carga sobre un intercesor profético. Este tipo de oración es una fusión de la revelación de Dios
y la comprensión de lo que se necesita orar y la manera en que
debe hacerse. Dios te dirigirá a orar para hacer realidad su
voluntad en la tierra como en el cielo. El intercesor profético
debe esperar ante Dios con el oído atento para escuchar su voz,
con los ojos espirituales para ver y con un corazón receptivo y
sensible para recibir la carga de Dios.

Rasgos de un intercesor profético

Sin embargo, como está escrito: "Ningún ojo ha visto, ningún oído ha escuchado, ninguna mente humana
ha concebido lo que Dios ha preparado para quienes
lo aman". Ahora bien, Dios nos ha revelado esto por
medio de su Espíritu, pues el Espíritu lo examina todo,
hasta las profundidades de Dios.

—1 Corintios 2:9-10

Los intercesores proféticos necesitan estar llenos del Espíritu Santo para recibir revelación del corazón de Dios. Los
intercesores proféticos deben tener una relación íntima con
el Espíritu Santo. Observa que Pablo comienza este versículo declarando la incapacidad del hombre en el ámbito natural
para comprender las cosas profundas de Dios. La palabra *examina* indica el proceso de investigación implicado. El Espíritu
Santo escudriña e investiga los profundos planes predeterminados de Dios para cada individuo, ciudad o nación.

El Espíritu Santo revela esos planes y propósitos de Dios a
nuestro espíritu. La palabra *revelado* proviene de un vocablo
griego que significa "descubrir, [desvelar] o revelar; dar a conocer, manifestar". Es una imagen de algo que se quita repenti-
namente y trae cosas oscuras a la vista. Cuando el Espíritu
Santo levanta el velo de sus ojos, de sus oídos y de sus corazones espirituales, puedes percibir la verdad que estaba velada a
tu entendimiento. A esto se le llama revelación. *Revelación* se
define como "el acto de revelar o descubrir a otros lo que antes
les era desconocido; apropiadamente, la revelación o comuni-
cación de la verdad a los hombres por Dios mismo, o por sus
agentes autorizados, los profetas y apóstoles".[4]

La revelación debe interpretarse correctamente antes de
que se aplique. La palabra profética o revelación viene a través de tres sentidos espirituales básicos: los oídos, los ojos y
el corazón. El Señor nos da la capacidad de escuchar su voz,

abre nuestros ojos para ver desde su perspectiva y toca nuestro corazón para sentir como él siente. Los intercesores proféticos necesitan oídos atentos. Necesitan oídos sensibles al Espíritu Santo, que permitan que su corazón comprenda. Así como tenemos sentidos naturales, también tenemos sentidos espirituales paralelos. El Señor, por el poder del Espíritu Santo, abrirá el oído del intercesor profético. Isaías 50:4-5 declara: "Todas las mañanas me despierta, y también me despierta el oído, para que escuche como los discípulos. El Señor omnipotente me ha abierto los oídos". El Señor Jesús advertía muy a menudo: "El que tiene oídos para oír, oiga" (por ejemplo, Mateo 11:15). La palabra del Antiguo Testamento para *oír* o *escuchar* es *shama*, que significa "escuchar; obedecer; discernir; percibir". Los intercesores proféticos son dotados por el Espíritu Santo para discernir la voluntad de Dios, para captar el tiempo exacto en el cual declarar —a través de la oración y la intercesión— las promesas de Dios para un pueblo, una ciudad o una nación. Los intercesores proféticos deben tener sus oídos espirituales en sintonía con la voz del Señor para escuchar instrucciones sobre qué oración se necesita para situaciones específicas. Los intercesores proféticos deben ser despertados para escuchar la voz del Señor de forma que puedan tener la lengua de los doctos para hablar, orar con sabiduría y consolar a nuestra generación (Isaías 50:4).

Los intercesores proféticos necesitan visión espiritual. La visión es la matriz de la profecía. La profecía es hablar de lo que uno ve y oye en el reino del espíritu; es la articulación de las visiones de Dios. El ministerio profético siempre debe fortalecer la fe de la iglesia en Dios y en el Señor Jesucristo al articular la visión del Señor. Eso amplía la comprensión de la gente en cuanto a la grandeza de él. A los intercesores proféticos se les dan ojos para ver desde una perspectiva celestial. A través del don de discernimiento de espíritus, pueden detectar lo que nadie más puede ver. Los intercesores proféticos tienen una unción de Dios que hace que se les quiten las escamas de los ojos para que puedan ver lo invisible. Dan una idea de los problemas espirituales, haciéndonos ver que hay más con nosotras que contra nosotras.

Entonces Eliseo oró: "Señor, ábrele a Guiezi los ojos para que vea". El Señor así lo hizo, y el criado vio que la colina estaba llena de caballos y de carros de fuego alrededor de Eliseo.

—2 Reyes 6:17

El intercesor profético necesita un corazón comprensivo y atento. Salomón tenía grandeza de entendimiento y grandeza de corazón. La amplitud del corazón tiene que ver con la capacidad de percibir, la habilidad de comprender el principio, el medio y el final de una situación a la vez. El Señor le dio una habilidad sobrenatural para ver el cuadro completo (1 Reyes 4:29). Al intercesor profético se le da la habilidad sobrenatural de observar los asuntos de los hombres desde el reino eterno.

Dios hizo todo hermoso en su momento, y puso en la mente humana el sentido del tiempo, aun cuando el hombre no alcanza a comprender la obra que Dios realiza de principio a fin.

—Eclesiastés 3:11

Salomón también pidió un corazón entendido: "Da, pues, a tu siervo corazón entendido para juzgar a tu pueblo, y para discernir entre lo bueno y lo malo" (1 Reyes 3:9 RVR1960). En este pasaje, "corazón entendido" a veces se traduce como "corazón que escucha", es decir, un corazón que escucha a Dios para lograr lo que él le ha asignado. Ese es el llamado del intercesor profético. Además de los sentidos espirituales, el intercesor profético necesita discernimiento espiritual. El discernimiento espiritual le da a uno la capacidad de conocer e informarse de lo que hay en el ámbito espiritual. El don de discernir los espíritus es una percepción sobrenatural del reino del espíritu. *Discernir* significa separar o revelar la verdad. También puede significar "detectar con sentidos distintos a la visión". El discernimiento espiritual no es sospechoso. Revela el tipo de espíritu que yace tras una persona, situación, acción o mensaje. Es una revelación sobrenatural en el espíritu acerca de la fuente, la naturaleza y la actividad de cualquier espíritu. Muchos intercesores proféticos tienen el don de discernir espíritus.

> Pero el hombre natural no percibe las cosas que son del Espíritu de Dios, porque para él son locura, y no las puede entender, porque se han de discernir espiritualmente.
> —1 Corintios 2:14 RVR1960

La palabra griega para *discernir* es *anakrino*, que significa "distinguir o separar para investigar (*krino*) mirando a través de (*ana*, intensivo) objetos ... examinar, escudriñar, cuestionar, sostener un preliminar examen judicial".[5] La Primera Carta a los Corintios (12:10) declara que hay un don de discernimiento de espíritus, lo que implica que puede haber más de un espíritu en acción. El don de discernir los espíritus activa tu percepción, dándote gracia para ver lo que otros no pueden detectar. Hay cuatro tipos de espíritus que el intercesor profético puede encontrar durante los momentos de oración:

1. **El Espíritu Santo.** El intercesor debe discernir el movimiento y la manifestación del Espíritu Santo. El Espíritu Santo se manifiesta en ciertas ocasiones como paloma y en otras como lenguas de fuego. Habrá ocasiones en las reuniones corporativas de oración e intercesión en las que el intercesor profético necesitará discernir lo que está haciendo el Espíritu Santo y a través de quién quiere moverse. Es importante que los intercesores disciernan los propósitos y el plan del Espíritu Santo, dejando morir los planes e ideologías personales.
2. **Espíritus demoníacos.** A los espíritus malignos les gusta seguir a los intercesores a la oración. Un espíritu

importante es el espíritu demoníaco de adivinación.
Hechos 16:16-18 nos da un ejemplo claro de cómo
se necesita el don de discernimiento de espíritus para
reconocer a los espíritus malignos en operación: "Una
vez, cuando íbamos al lugar de oración, nos salió al
encuentro una joven esclava que tenía un espíritu de
adivinación. Con sus poderes ganaba mucho dinero
para sus amos. Nos seguía a Pablo y a nosotros, gri-
tando: 'Estos hombres son siervos del Dios Altísimo,
y les anuncian a ustedes el camino de salvación'. Así
continuó durante muchos días. Por fin Pablo se moles-
tó tanto que se volvió y reprendió al espíritu: '¡En el
nombre de Jesucristo, te ordeno que salgas de ella!'. Y
en aquel mismo momento el espíritu la dejó".

Observa en este pasaje que esa joven proclamaba la
verdad acerca de Pablo, pero la motivación era erró-
nea. Los espíritus malignos pueden decir una verdad
parcial para provocar un mayor engaño en un momento posterior. Pablo, por el don del discernimiento de
espíritus, se entristeció y percibió que era un espíritu
maligno operando a través de la joven.

3. Espíritus humanos. Para ser intercesoras eficaces de
   la humanidad, necesitamos ver a los hombres desde la perspectiva de Dios. "Pero el Señor le dijo a
   Samuel: 'No te dejes impresionar por su apariencia ni
   por su estatura, pues yo lo he rechazado. La gente se
   fija en las apariencias, pero yo me fijo en el corazón'"
   (1 Samuel 16:7). Jesús no fue engañado ni burlado por
   la gente. Juan 2:23-25 dice: "Mientras estaba en Jerusalén, durante la fiesta de la Pascua, muchos creyeron
   en su nombre al ver las señales que hacía. Sin embargo, Jesús no les creía porque los conocía a todos; no
   necesitaba que nadie le informara nada acerca de los
   demás, pues él conocía el interior del ser humano". El
   don de discernimiento de espíritus te permitirá conocer
   lo que hay dentro del hombre. No te dejarás engañar

por cualquier modificación externa del comportamiento. Dios te permitirá ver las motivaciones perversas e incorrectas de los seres humanos con el fin de que ores para ver cambios en sus vidas.

4. **Espíritu angelicales.** Las Escrituras son claras en cuanto a la actividad de los ángeles en los asuntos de la humanidad. Eliseo, a través del don de discernimiento de espíritus, vio que había más con él que contra él (2 Reyes 6:17). A los intercesores proféticos se les pueden dar ojos para ver a los ángeles luchando en nuestro favor.

Los intercesores proféticos necesitan entender la Palabra de Dios. La Escritura nos dice que Ana no se fue del templo, lo que implica que escuchaba la lectura de la Palabra de Dios y las proclamas acerca de Cristo. Por eso le fue fácil reconocerlo cuando llegó. Los intercesores proféticos deben estar llenos de la Palabra de Dios. Es del conocimiento de la Palabra escrita que realmente fluye la intercesión profética. El Espíritu Santo acelera la Palabra del *Logos* para nuestro hombre espiritual, convirtiéndola en una palabra *rhema* para la situación. La intercesión profética es una combinación de la Palabra de Dios escrita y la voz del Señor. No proviene de tu mente, proviene del Espíritu Santo. La intercesión profética se apodera del plan del cielo y lo ejecuta en la tierra.

Los intercesores e intercesoras proféticos también necesitan un corazón compasivo. La compasión es amor en acción. *Compasión* significa "un sentimiento de profunda simpatía y dolor por otra persona que sufre una desgracia, acompañado de un fuerte deseo de aliviar el sufrimiento". La palabra griega para *compasión* es *splanchnizomai*, que significa "'ser movido por una profunda compasión o piedad'. Los griegos consideraban las entrañas *(splanchna)* como el lugar donde se originaban emociones fuertes y poderosas. Los hebreos consideraban a *splanchna* como el lugar donde se originaban las tiernas misericordias y los sentimientos de afecto, compasión, simpatía y piedad".[6] La compasión es un elemento clave de la intercesión profética. Esta virtud permite al intercesor sentir y actuar apasionadamente con gran urgencia en la oración para aliviar el sufrimiento. La compasión es la motivación tras la intercesión identificatoria. Las mujeres modernas con la unción de Ana estarán equipadas con los rasgos de una intercesora profética. Estos dones espirituales las capacitarán para usar sus sentidos espirituales con el objeto de aumentar su entendimiento, para discernir la presencia del Espíritu Santo, para identificar intenciones y motivaciones en el corazón humano y para percibir la actividad de los espíritus malignos, haciendo que sean intercesoras proféticas eficaces con corazones compasivos. Serán mujeres que comprendan el poder de orar la Palabra de Dios con gran compasión por la humanidad.

Aprende a discernir la carga del Señor

Pero el alimento sólido es para los que han alcanzado madurez, para los que por el uso tienen los sentidos ejercitados en el discernimiento del bien y del mal.
—Hebreos 5:14 RVR1960

Para ser una intercesora profética eficaz, debes aprender a discernir la carga del Señor. La clave más importante para ser una intercesora profética es tu relación con el Señor. Te convertirás en lo que contemplas. La Segunda Carta a los Corintios —3:18— dice: "Así, todos nosotros, que con el rostro descubierto reflejamos como en un espejo la gloria del Señor, somos transformados a su semejanza con más y más gloria por la acción del Señor, que es el Espíritu". Aquellas que poseen la unción de Ana serán separadas, consagradas a aprender a practicar la presencia del Señor. Serán llenas del Espíritu y aprenderán a discernir la voluntad de Jesús para esta generación.

Aquí tenemos algunas claves para desarrollar la intercesora profética que hay en ti. Si eres creyente nacida de nuevo, es posible que haya ocasiones en las que el Señor te impulse a orar o centrar tu atención en un asunto en particular. Hebreos 5:14 nos advierte del hecho de que debemos ejercitar nuestro sentido espiritual para discernir entre el bien y el mal. Somos ovejas del Señor y hay cierta gracia para escuchar su voz con confianza.

Dios le habla a nuestro espíritu humano, por lo que —por lo general— la dirección y las indicaciones de él suenan como nuestra voz interior. Podemos tener dificultades para distinguir entre nuestra voz humana, la voz del Señor y la voz de Satanás. Por eso debemos ejercitar nuestro sentido espiritual. No puedo manipular la actividad del Espíritu Santo, pero puedo darte algunas claves para reconocer y responder a las impresiones del Espíritu Santo en tu vida. Debemos entender que Dios tiene muchas formas de comunicar su carga a sus intercesores. Somos sus ovejas y escuchamos su voz. Dios habla con una voz suave y apacible.

Dios hablará algo para bendecir al cuerpo de Cristo. El primer mandato de Dios fue traer luz al caos (Génesis 1:3). Dios habla como un medio para traer vida y orden. Los intercesores proféticos deben orar con la intención de liberar la luz en cada situación oscura. Creo que las mujeres de hoy, con la unción de Ana, tienen la capacidad de liberar una cantidad sin precedentes del poder y la bendición del Señor sobre la tierra.

Las cargas del Señor pueden venir en muchas formas. Muchas veces el Señor me pedirá, como intercesora profética, que vea la televisión o lea un artículo de noticias para conocer lo que está sucediendo en la ciudad. He recibido la carga del Señor solo al escuchar las dificultades de otras personas. La carga del Señor se puede describir como un despertar en tu espíritu al corazón y al deseo del Señor. Es una molestia o un peso. En ese contexto, el Señor alertará, como intercesora, a tu corazón para que ores por su respuesta a una situación o por alguna solución para ayudar a la condición humana, algo de lo que no tienes conocimiento en lo natural. Cuando oras de acuerdo a la voluntad de Dios, la sensación o la pesadez desaparecen y puedes volver a tus actividades normales. Muchas profetas e intercesoras caen en el abismo del diablo y arrastran con cargas falsas. Dejaron que la carga original que Dios les puso las trasladara al reino de las emociones en vez de mantenerlas en el espíritu. Jesús dijo: "Mi yugo es fácil y ligera mi carga" (Mateo 11:30). Debemos posicionarnos como intercesoras proféticas y mediadoras entre el cielo y la tierra para recibir la carga del Señor por nuestra generación.

Podemos pedir asignaciones de oración. En 1 Samuel 2:35 vemos que dice: "Pero yo levantaré a un sacerdote fiel, que hará mi voluntad y cumplirá mis deseos. Jamás le faltará descendencia, y vivirá una larga vida en presencia de mi ungido". No temas iniciar una conversación con el Padre celestial por temor al engaño o la interferencia demoníaca. Muchas con la unción de Ana estarán conectadas con el corazón y la mente del Señor. Entenderán por el espíritu de revelación los secretos del Señor. En Mateo 7:7-11, Jesús declara que, si le pides regalos al Padre, él no te dará algo contrario a lo que pidas. Dios nuestro Padre, que está tan enamorado de los seres humanos, se complace al escuchar el sonido de una voz humana que le pregunta y le pide. Jeremías 33:3 dice: "Clama a mí y te responderé, y te daré a conocer cosas grandes y ocultas que tú no sabes". La palabra *ocultas* proviene del vocablo hebreo *batsar*, que significa "secretos, misterios, cosas inaccesibles". La Ana de hoy necesita pedir, buscar y llamar, y Dios responderá.

El enfoque es clave para reconocer y responder a la dirección del Espíritu. Cuando recibas una impresión del Señor en una imagen, pregúntate: "¿Qué veo, siento o conozco acerca de esa situación?" (ver Isaías 21:3-4). Dios habla a través de tu espíritu. ¿Te parece familiar?

Dios a menudo activará una oración, palabra, imagen o pensamiento en tu espíritu. Entonces debes ejercitar tu fe para orar acerca de la revelación dada. Es como un trozo de hilo en un suéter. Dale un tirón y deja que las palabras fluyan. Abre bien tu boca y Dios la llenará (Salmos 81:10). El Espíritu Santo no moverá tu boca ni anulará tu voluntad. Debes dar voz y ceder a lo que él te está empujando a orar.

Uno de los mayores privilegios otorgados a la humanidad es el honor de colaborar con el Dios del universo. Los rincones de oración y las reuniones de oración son los centros gubernamentales de la tierra. El Señor ha extendido una invitación para que las mujeres se asocien con él para liberar la intervención divina en los asuntos de los hombres. Nuestra oración mueve la mano de Dios. Nuestra oración involucra las acciones del cielo. Hay disponibilidad para contestar la oración en el corazón de Dios. (Ver Isaías 65:24).

Oraciones del intercesor profético

Señor, dame una porción de tu pasión por mi generación. Ayúdame a ser una mujer compasiva. Quebranta mi corazón con las cosas que quebrantan al tuyo. Quita mi corazón de piedra y dame un corazón de carne. Dios, me arrepiento de toda dureza de corazón que me hace indiferente a la difícil situación de los hombres. Padre, oro para que me hagas sensible al mover del Espíritu Santo. Tu Palabra dice que a cada uno se le da manifestación del Espíritu. Te pido que me des el don de discernir espíritus. Ilumina los ojos de mi entendimiento. Quita toda escama de mis ojos para que pueda ver por tu Espíritu. Despierta mi oído para que pueda escuchar y percibir lo que dices y haces. Destruyo todo espíritu ciego, sordo y mudo. Seré una mujer que oiga tu voz. Hazme una mujer de visión y perspicacia. Señor, dame poder para decir una oración ferviente y eficaz. Hazme una casa de oración para todas las naciones.

Si de veras son profetas y tienen palabra del Señor, que le supliquen al Señor Todopoderoso que no sean llevados a Babilonia los utensilios que aún quedan en la casa del Señor, y en el palacio del rey de Judá y en Jerusalén.

—Jeremías 27:18

Como mencioné en la introducción, el espíritu de Babilonia se ha infiltrado en nuestra cultura con promiscuidad y confusión. Este espíritu planea construir una ciudad o una cultura que no honre a Dios. (Ver Génesis 11:4). El espíritu de Babilonia quiere ejercer poder y generar experiencias espirituales sin el Señor Jesús. Este espíritu se opone a la verdad absoluta de las Escrituras y promueve la confusión en cuanto a la identidad de los seres humanos. A continuación tenemos un ejemplo de una oración de intercesión contra el espíritu de Babilonia:

Ato la actividad del espíritu de Babilonia. Ato al espíritu de confusión que ataca la mente y la identidad de una generación. Libero el amor y la verdad de la Palabra de Dios. Ato a todo espíritu de anticristo que ataque a esta generación. Destruyo todo espíritu de dureza de corazón que se forma en una generación de personas. Señor, clamo por un gran despertar en los corazones humanos. Señor, levanta una generación de predicadores apasionados que expongan tu Palabra con poder y portentos. Permite que los milagros, señales y prodigios hagan que los hombres se vuelvan a ti. Oro para que pongas confusión en todos los planes que se oponen al Señor Jesucristo. Señor, levanta personas de hoy como Daniel, Sadrac, Mesac y Abed-Nego, que no se inclinen ante el espíritu de Babilonia, sino que tengan el valor de adorar al Dios vivo y verdadero.

Capítulo 4

EL PROFETA VIGILANTE

Ve y pon un centinela, que informe de todo lo que vea.

—Isaías 21:6

La Escritura declara que Ana fue una profetisa. Profetisa es una mujer profeta. Profeta es alguien que tiene una unción para conocer el corazón y la mente de Dios. El profeta está atento a la palabra del Señor y ora para que la generación actual la traiga a existencia. Ana oraba día y noche, esperando la llegada del Mesías. Ella era una profeta tipo vigilante. Servía al Señor con oración día y noche en calidad de atalaya. Ella organizaba las vigilias en la presencia del Señor. Hay un grupo de mujeres parecidas a Ana que surgió para velar y orar por una visitación del Señor a la tierra.

El profeta, además, tiene el poder y la autoridad para hablar por decreto y proclamar los propósitos predeterminados para la tierra. Las Escrituras no brindan detalles acerca de cómo oraba Ana, pero sí dicen cuándo lo hacía. Se está levantando un ejército de mujeres intercesoras que establecerán una guardia de oración en torno a las promesas de Dios. La palabra griega para *vigilar* significa "estar presto, despertar, estar alerta". La Ana de estos tiempos ha de trabajar como vigilante o centinela en el muro o, en nuestro caso, en la puerta. Ella observará cuidadosamente y esperará en la presencia del Señor para recibir sus instrucciones en cuanto a esta generación. Según James

W. Goll, "El vigilante también advierte a la ciudad, con mucha anticipación, cuando un enemigo se acerca. Hace sonar la alarma para despertar a la gente porque sabe que al 'advertirles, los alerta y ellos se arman'".[1] Cuando Ana presenció la llegada del Mesías en el templo, comenzó a alertar a los que buscaban la salvación de que su libertador había llegado a la tierra. La Ana de hoy en día ha de empoderar a muchos para que encuentren su lugar en el ejército de Dios. Ella les mostrará el camino de la salvación a través de su enseñanza y su predicación, arrebatando a muchos de la boca del infierno y de la tumba.

Vigilar se puede definir como "mantener la vigilia como un ejercicio devocional; estar despierto durante la noche; para mantener la guardia". Este es el trabajo de las mujeres de nuestros tiempos que tienen la unción de Ana. Patrullarán en el espíritu pidiendo, buscando y llamando a hacer oraciones para darle a conocer a la iglesia el tiempo y la circunstancia en que vivimos. Ellas resguardarán a la iglesia de las intrigas, maquinaciones y trampas del enemigo a través de sus oraciones y sus decretos.

Vigilar implica una participación responsable. Los vigilantes eran tanto cuidadores como guardianes en los tiempos bíblicos. Algunos fueron asignados para proteger los cultivos de los depredadores y ladrones; otros fueron asignados para que resguardaran las ciudades de las invasiones militares. Los vigilantes debían ser proactivos en su papel de guardianes. Estaban atentos. Había relojes las veinticuatro horas del día. Los vigilantes hablaban; advertían del peligro con gritos o trompetas.[2] En estos días en que vivimos, el Señor está moviendo el corazón de las mujeres a participar en el destino de esta generación. Dios nos usará para configurar relojes que nos alerten para proteger al pueblo de Dios. Resguardaremos con nuestras oraciones, advertiremos con nuestra predicación y protegeremos con nuestra profecía. A través de la gracia para velar y orar día y noche, daremos forma al destino de las naciones.

Las palabras para *vigilar* que se usan en la Biblia tienen implicaciones para la vigilancia espiritual. A continuación veamos algunos ejemplos:

- *shaqad*: estar alerta; estar al acecho (ya sea para bien o [para mal]); permanecer alerta a, estar despierto

Dichosos los que me escuchan y a mis puertas están atentos cada día.

—Proverbios 8:34

- *shomrah*: vigilar con el propósito de restringir[3]

Pon guarda a mi boca, oh Jehová; Guarda la puerta de mis labios.

—Salmos 141:3 RVR1960

- *nēphō*: estar sobrio, estar tranquilo y sereno en espíritu; ser templado, desapasionado, circunspecto

Mas el fin de todas las cosas se acerca; sed, pues, sobrios, y velad en oración.

—1 Pedro 4:7 RVR1960

Ana fue una profetisa que aprovechó una estrategia eterna. Aprendió el poder de orar día y noche. Oraba en los plazos que el Señor prescribió en las Escrituras. Las vigilias de oración en la iglesia del primer siglo eran parte de la vida cristiana habitual. Esas vigilias de oración fueron ideadas para mantener la práctica de ofrecer a Dios un sacrificio continuo de alabanza y oración. En la iglesia primitiva se esperaba que todo cristiano comprometido dedicara tiempo a la oración en un momento específico.

Los ocho vigilias

Debemos ser estratégicas para pronunciar la oración correcta en el momento adecuado del día. Lamentaciones 2:19 nos da una imagen del corazón y la tarea de aquellas que poseen la unción de Ana: "Levántate, da voces en la noche, al comenzar las vigilias; derrama como agua tu corazón ante la presencia del Señor; alza tus manos a él implorando la vida de tus pequeñitos, que desfallecen de hambre en las entradas de todas las calles" (RVR1960). Las mujeres afines a Ana darán a conocer la pasión de Dios por los demás, levantándose del letargo y la indiferencia. Este es el tiempo para sacudirnos de la dureza de corazón y clamar por la iglesia y las naciones. Debemos proteger a esta generación de los planes del enemigo y promover el avivamiento. Debemos alzar nuestras manos y clamar día y noche por nuestros hijos. Hay dinámicas espirituales específicas asociadas con ciertas vigilias o períodos de tiempo. Hay ocho vigilias o guardias —cuatro nocturnas y cuatro diurnas, que abarcan las veinticuatro horas— y cada una tiene un significado espiritual.

Primera vigilia (6:00 p.m. a 9:00 p.m.)

Este es un periodo de meditación y autoevaluación. Durante esta vigilia, el sol se pone. Según la tradición judía, es el final del viejo día y el comienzo del nuevo. Es un momento para humillarse bajo la poderosa mano de Dios, permitiendo que el Señor escudriñe tu corazón. Es un momento de arrepentimiento y de realinear tu corazón con los propósitos del Señor. Es también un momento para ser fortalecidas con poder a través de su Espíritu en el ser interior. Es el momento de serenar tu alma y pedirle al Señor que elimine cualquier distracción de tu corazón.

La vigilia nocturna también es un momento para concentrarte en tu futuro. Durante esta vigilia, puedes orar por tu provisión y por bendiciones futuras. La vigilia de la tarde también fue el momento que Jesús escogió para inaugurar el nuevo pacto (Mateo 26:20-30). La vigilia de la tarde es el momento de la consagración y la dedicación al Señor. En esta vigilia podemos apropiarnos de las bendiciones del pacto de Dios y pedirle que manifieste esas bendiciones en nuestra vida. Durante este tiempo, el Señor también te hablará acerca de tu corazón y tu mente con respecto a tu tarea de oración.

Segunda vigilia (9:00 p.m. a medianoche)

Este es el momento de establecer un dosel de alabanza y adoración sobre tu vida. El Salmo 119:62 dice: "Dichosos los que guardan sus estatutos y de todo corazón lo buscan". Durante esta vigilia, a través de la oración y la alabanza, podemos liberar el juicio de Dios en situaciones relativas a la tierra. Fue a la medianoche cuando Pablo y Silas dieron gracias al Señor, lo que resultó en la apertura de las puertas de la prisión y la liberación de los cautivos (Hechos 16:25-26). Este es el momento en que los ángeles son enviados a favor de nosotras. Este también puede ser un tiempo de visitación y manifestación de sucesos sobrenaturales divinos.

Tercera vigilia (de medianoche a 3:00 a.m.)

Este tiempo se conoce como "la hora de las brujas", un momento en el que las brujas intentan controlar y aprovechar lo que puedan. Es un tiempo en el que se usa la brujería para plantar las semillas del enemigo y evitar —como por medio de un secuestro— que se celebre ese tiempo de intimidad entre Dios y su pueblo. No es un momento para aprendices en el área de la guerra espiritual. Esta vigilia requiere de intercesores estables, disciplinados y bien entrenados. Este es un momento para "interceder y quitarle al enemigo la autoridad que ha intentado robar".[4]

Cuarta vigilia (3:00 a.m. a 6:00 a.m.)

Fue durante la cuarta vigilia que Jesús caminó sobre el agua (Mateo 14:25-33). Esta es la vigilia cuando podemos ver la intervención divina en nuestras vidas. Durante esta vigilia puedes declarar el señorío de Jesús sobre la tierra. Jesús estaba ejerciendo su dominio y su autoridad sobre la creación cuando caminó sobre el agua y habló a los vientos. Esta es la vigilia cuando puedes declarar las misericordias del Señor sobre tu vida y los que están en tu esfera de influencia. Este es el momento en que Dios te dará fe y valor para salir y seguirlo, incluso frente a la adversidad. Esta vigilia es cuando comienzas a declarar la novedad de Dios en tu vida: nuevas misericordias, nuevo favor y nueva gracia. Este es el momento de declarar que la sabiduría y la revelación son tu porción. Esta es la vigilia cuando asumes el mando de tu mañana y ordenas tu día (Job 38:12-13). Esta es la vigilia cuando hablas a las tormentas de la vida. La Biblia nos dice: "La muerte y la vida están en poder de la lengua" (Proverbios 18:21). Basadas en Job 38, podemos usar nuestras oraciones para sacudir la maldad de nuestros días y dominar nuestras mañanas. Esta es la vigilia para declarar las promesas de Dios.

Quinta vigilia (6:00 a.m. a 9:00 a.m.)

Esta vigilia se considera el mejor tiempo, la primera hora del día. Se trata de un momento en el que ordenas tus pasos y te consagras a ti misma y a tu día a la voluntad de Dios. Como está escrito: "Guía mis pasos conforme a tu promesa; no dejes que me domine la iniquidad" (Salmos 119:133), y "Hoy os habéis consagrado a Jehová, pues cada uno se ha consagrado en su hijo y en su hermano, para que él dé bendición hoy sobre vosotros" (Éxodo 32:29 RVR1960).

Sexta vigilia (9:00 a.m. a mediodía)

Durante esta vigilia, el Espíritu Santo fue derramado sobre los discípulos (Hechos 2:1-21). La tercera hora del día era alrededor de las 9:00 a.m. Esto es muy significativo porque el número nueve representa los dones y frutos del Espíritu Santo. Los israelitas usaban eso como un tiempo para la oración colectiva. Ese era también el tiempo diario de oración e instrucción en el templo.[5] Durante esta vigilia debemos orar para que el poder y el carácter del Espíritu Santo sean derramados en la iglesia y sobre la iglesia y sus líderes. Este es el momento de orar para que el enérgico poder invisible del Espíritu Santo sea derramado sobre todas las naciones. Durante esta vigilia, puedes orar por un avivamiento y un despertar espiritual.

Séptima vigilia (del mediodía a las 3:00 p.m.)

En términos históricos, esta vigilia es cuando Jesucristo estaba muriendo en la cruz y estaba completamente identificado con el pecado de la humanidad, expiando los pecados del mundo y trayendo redención y restauración. Durante esta vigilia, puedes orar para que Dios redima el tiempo y restaure los años perdidos en tu vida. El mediodía también es el momento en que el sol es más brillante y caluroso. Durante esta vigilia, puedes orar pidiendo sabiduría y revelación. Reprende a todo espíritu de tinieblas. Decreta que el camino de tu destino brillará con cada esperanza y promesa que surja.

El mediodía también es el momento de orar el Salmo 91 debido a la destrucción que se acerca al atardecer. Durante esta temporada de la historia humana, el Salmo 91 debe confesarse sobre tu vida y la de aquellos en tu esfera de influencia.

A continuación, encontrarás puntos clave tomados del Salmo 91 que deben orarse todos los días:

El que habita al abrigo del Altísimo se acoge a la sombra del Todopoderoso [cuyo poder ningún enemigo puede resistir].

—Salmos 91:1

Debemos declarar nuestra posición en oración. Habitar bajo la sombra del Altísimo se realiza mediante la oración y la adoración. Esto desarrollará un arca de seguridad y protección.

Yo le digo al Señor: "Tú eres mi refugio, mi fortaleza, el Dios en quien confío".

—Salmos 91:2

Las promesas de Dios se activan con la voz. Hay poder en la confesión. Debes declarar quién es el Señor para ti todos los días.

Solo él puede librarte de las trampas del cazador y de mortíferas plagas.

—Salmos 91:3

Podemos cancelar todos los planes de las tinieblas contra nuestras vidas con la oración. La trampa se oculta tras la presa. Puede agarrarte desprevenida. Por eso, hacer esta oración revelará cosas que no se conocen en la naturaleza. Orar esto te dará una previsión de los malvados planes del enemigo y una ventaja profética para derrotarlo y destruirlo por completo.

Pues te cubrirá con sus plumas y bajo sus alas hallarás refugio...

—Salmos 91:4

Su fidelidad es un escudo y un muro.

No temerás el terror de la noche, ni la flecha que vuela de día...

—Salmos 91:5

El espíritu de terror ha cubierto nuestra tierra. Con grupos como ISIS y las células terroristas en nuestra nación, debemos atar las obras del terrorismo y decretar que el Señor frustrará todos sus planes y los atrapará en su astucia (Job 5:12-13). Debemos orar por inteligencia divina por los responsables de nuestra seguridad y para que cada célula terrorista sea descubierta en nuestra tierra. También debemos orar contra la violencia armada en nuestras calles. Decreta que ni una bala penetrará tu cuerpo ni los cuerpos de tus seres queridos.

Ni la peste que acecha en las sombras ni la plaga que destruye a mediodía.

—Salmos 91:6

Ruega por la sangre de Jesús contra la muerte y la destrucción prematuras. Dios le dijo a Moisés que pusiera la sangre del cordero en los postes de las puertas para que cuando el ángel de la muerte pasara, el pueblo de Israel estuviera protegido. Esta es una temporada en la que debemos apropiarnos de la sangre de Jesús sobre nuestras vidas, ciudades y naciones.

Podrán caer mil a tu izquierda, y diez mil a tu derecha,
pero a ti no te afectará...
—Salmos 91:7

La pasión del que intercede le lleva a orar por misericordia y protección. Puede ser desgarrador ver morir a la gente, así que levántate, ora y lucha por la vida, percátate de la dolorosa realidad de que algunos perecerán.

No tendrás más que abrir bien los ojos, para ver a los impíos recibir su merecido. Ya que has puesto al SEÑOR por tu refugio, al Altísimo por tu protección.
—Salmos 91:8-9

Este versículo nos dice que debemos hacer del Señor nuestro refugio y morada. Podemos hacer del Señor nuestra habitación al orar y decretar la Palabra de Dios todos los días, creando un dosel de protección.

Ningún mal habrá de sobrevenirte,
ninguna calamidad llegará a tu hogar.
—Salmos 91:10

Con el brote de plagas como el SARS, el Covid-19, la gripe aviar y el ébola, debemos decretar la protección sanadora de Dios. Este pasaje promete protección contra enfermedades y dolencias como una bendición de la vida redimida.

Porque él ordenará que sus ángeles
te cuiden en todos tus caminos
[caminos de obediencia y servicio].

—Salmos 91:11

La forma de activar a los ángeles es decretando la Palabra de Dios. Los ángeles escuchan la Palabra de Dios que sale de tu boca. No debemos darles órdenes a los ángeles. Solo proclamar la Palabra escrita de Dios hará que los ángeles se muevan (Salmos 103:20).

Con sus propias manos te levantarán
para que no tropieces con piedra alguna.
Aplastarás al león y a la víbora;
¡hollarás fieras y serpientes!

—Salmo 91:12-13

Mediante el poder de atar y desatar, declarar y decretar la Palabra de Dios y clamar la sangre de Jesús, derrotamos a los enemigos de nuestra alma.

"Yo lo libraré, porque él se acoge a mí; lo protegeré, porque reconoce mi nombre [y confía en mí, cree en mí, porque está consciente de que nunca lo abandonaré]".

—Salmos 91:14

Aquí la escritura comienza a cambiar de instrucciones a promesas. Dios responde la oración, al brindar la certeza de su presencia y su protección. Es muy importante mantener tu atención y concentrarte en lo que Dios es y cuánto nos ama. Debemos dirigir nuestra atención a él, magnificándolo y exaltándolo en medio de las dificultades de la vida. Debemos conocer el nombre de Dios y declararlo en toda la tierra. Él es el Dios Todopoderoso. El poder se manifiesta cuando oramos con los nombres de Dios. Cuando proclamas su nombre, él se manifiesta en la naturaleza de su nombre.

Él me invocará, y yo le responderé; estaré con él en momentos de angustia; lo libraré y lo llenaré de honores.

—Salmos 91:15

Me encanta la palabra *invocará* en este pasaje. Proviene del hebreo *qara'*, que significa "gritar; pronunciar un sonido fuerte; llamar, clamar (pedir ayuda), invocar (con el nombre de Dios)". Si lo invocas como tu libertador, él te librará. Si lo invocas como Jehová *Rapha*, el sanador, él te sanará. Dios responderá y estará con nosotras aun cuando nos encontremos en problemas.

Lo colmaré con muchos años de vida y le haré gozar de mi salvación.

—Salmos 91:16

Ora por liberación, bienestar, prosperidad y victoria. Este es el momento de declarar la duración de los días y el cumplimiento del propósito.

Octava vigilia (3:00 p. m. a 6:00 p. m.)

Este fue el momento en que Pedro y Juan entraron en el templo y sanaron al cojo de la puerta la Hermosa (Hechos 3:1-10). Ora para que se desate la sanidad de aquellos que han estado cautivos de la enfermedad y las dolencias. Ora para que se produzcan milagros en la tierra. Ruega para que los milagros glorifiquen a Dios y muestren su compasión hacia la humanidad. Dios quiere mostrar que él solo es Dios, por lo que muchos deben acudir a él para ser salvos.

Vigila y ora

Me mantendré alerta, me apostaré en los terraplenes; estaré pendiente de lo que me diga, de su respuesta a mi reclamo.

—Habacuc 2:1

Si queremos obtener resultados, poder y gloria, debemos velar y orar. Al servir al Señor con oración día y noche, Ana estaba siguiendo el mandamiento de mantener un sacrificio de oración constante ante el altar. Levítico 6:12 establece que el fuego del altar nunca debe apagarse. Habacuc nos da instrucciones sobre cómo podemos mantener la vigilia ante el Señor.

- Mantente en tu vigilia. Coloca tu corazón en una postura firme y simplemente elige una vigilia de las ocho ya enumeradas. No seas religiosa, elige un momento que sea conveniente para ti. Con determinación, desarrolla tu posición y ora con perseverancia. El término hebreo para *mantente*, "amad", significa "estar de pie; tomar la posición de uno; estar en una actitud firme, estar al frente, adoptar una posición, presentarse, atender, ser o convertirse en servidor".
- Mantenerte tú misma en la torre de vigía. Colócate donde puedas ver desde la perspectiva de Dios.
- Mantente atenta a lo que Dios te diga. Espera en el Señor con un corazón y una mente receptivos. Verifica y patrulla en espíritu para ver si es necesario hacer algo. Lleva un diario de las cosas que dice el Señor y ora hasta que sucedan.

Oración del centinela

Señor, te pido que me pongas como centinela en el muro de la oración. Despierta mi corazón para que clame por mi generación. Quebranta mi corazón con las cosas que quebrantan el tuyo. Señor, no quiero ser religioso; quiero ser justo. Dijiste que la oración ferviente y eficaz de los justos hace que una disponga de un poder tremendo. Permite que tu gracia venga sobre mí para velar y orar. Permíteme ser sensible a tu dirección y a tu inspiración. Abre mis ojos, mis oídos y mi corazón para percibir tu voz en esta hora. Permíteme estar conectada a tu

Espíritu. Quiero saber los tiempos y las estaciones del cielo. Permíteme conectarme con tus movimientos en la tierra. Dame perspicacia, discernimiento y comprensión proféticos. Anulo toda la falta de oración de mi vida. Tu Palabra dice que a menos que el Señor guarde la ciudad, el centinela permanece despierto en vano. Señor, quiero asociarme y colaborar contigo. Ponme en la vigilia que has ordenado para mí.

Capítulo 5

MINISTRA AL SEÑOR

Y luego permaneció viuda hasta la edad de ochenta y cuatro.
Nunca salía del templo, sino que día y noche adoraba a Dios
con ayunos y oraciones.

—Lucas 2:37

Ana dedicó toda su vida a la adoración, la oración y el ayuno. Su estilo de vida consagrado habla mucho a nuestra generación. Servir al Señor o ministrar a él es el llamado más alto de cualquier creyente. Creo que el Señor reflejó un modelo para mantener un estilo de vida de oración a lo largo de la vida de Ana. Habrá algunas mujeres que tienen un llamado principal similar al de Ana, de dedicar sus vidas únicamente a la iglesia, velando, orando y ayunando. Ahora bien, no dejes de leer este libro; también creo que muchas mujeres tendrán que cultivar la unción de Ana como un llamado secundario, sirviendo como centinelas en una vigilia de oración específica, porque también pueden ser madres, esposas o trabajadoras.

También creo que las mujeres de hoy en día, que tienen la unción de Ana, desarrollarán tres funciones extraordinarias —ministrar al Señor, ayunar y orar—, con lo que se desatará el poder de Dios en la tierra. Según Andrew Murray, "Debemos comenzar a creer que Dios, en el misterio de la oración, nos ha confiado una fuerza que puede mover al mundo celestial y traer su poder a la tierra".[1] Una visión correcta de Dios es el fundamento de una firme vida de oración. "Mientras oramos, debemos separar un tiempo, deliberadamente, a recordar quién es él según su Palabra".[2]

El llamado más alto de cualquier creyente es ministrar al Señor. La vida de Ana pinta un hermoso cuadro del poder de una vida consagrada. Ella se separó y pasaba horas bendiciendo el santo nombre de Dios. La Ana de hoy en día tendrá una revelación de lo que significa desarrollar un ministerio sacerdotal. Dios siempre favorecerá a las mujeres que entreguen su vida a ministrar para él. Ministrar al Señor incluye acercarse a él, adorarlo, declarar su valor en la tierra, meditar en su Palabra y acceder a su corazón. La Ana de hoy en día aprenderá a ministrar al Señor antes que ministrar al hombre. Ministrar al Señor significa amar a Dios con todo nuestro corazón.

Creados para su deleite

"Digno eres, Señor y Dios nuestro, de recibir la gloria,
la honra y el poder, porque tú creaste todas las cosas;
por tu voluntad existen y fueron creadas".
—Apocalipsis 4:11

Dios nos ha creado a todos para su gloria. Nuestras manos, nuestros pies y nuestra boca fueron formados y modelados para ministrar al Señor. Fuimos creados para el deleite del Señor. La principal razón por la que existimos es para bendecir al Señor. Debemos esforzarnos por llevar vidas que lo glorifiquen ahora y siempre. Este es un concepto poderoso que debemos comprender si queremos tener la unción de Ana en nuestras vidas. Dios da a toda persona el poder para elegir, pero somos los responsables de la manera en que gastamos nuestro tiempo. El punto principal aquí es este: averigua lo que estás llamada a hacer y hazlo con todas tus fuerzas, pero recuerda que todo comienza con ministrar al Señor. Él nos creó porque nos amaba y nos ama. El plan de Dios siempre fue tener un sacerdocio real y una nación santa que estuvieran ante él para adorar su santo nombre. ¡Fuimos hechos para Dios! Dios nos ama y quiere pasar tiempo con nosotras. Es un Padre amoroso y le encanta escuchar la voz humana en la adoración y la oración. Isaías 43:7 habla de un pueblo que el Señor creó para su gloria. Creo que las mujeres con la unción de Ana descubrirán su valor en la presencia del Señor. El encuentro personal y la ministración al Señor harán que lo obedezcan, y el hecho de que han de entender el amor eterno que él siente por ellas propiciará la confianza y la valentía en sus vidas. Servirán y trabajarán desde una perspectiva amorosa y no por el bien de las obras o el desempeño. Muchas veces podemos desarrollar una mentalidad de trabajo y, a la vez, perder nuestra valía y nuestra autoestima. Al pasar tiempo con el Señor, él traerá un gran avance a nuestro corazón, por lo que nos veremos a nosotras mismas a la luz de su gloria.

Las mujeres que tienen la unción de Ana comprenderán el significado de ministrar al Señor. Entenderán que no es una carga, sino que es un privilegio y un honor. Ello es clave para desarrollar tu identidad; clave para desbloquear tu destino. La adoración y la oración son las cosas más sabias que podemos hacer. Estar en la presencia del Señor te salvará la vida. Creo que la razón por la que Ana no se sintió devastada después de la muerte de su esposo fue porque ministró al Señor y él la ministró a ella. Ana se convirtió en una epístola viviente que modeló el Salmo 16:11 (RVR1960): "Me mostrarás la senda de la vida; en tu presencia hay plenitud de gozo; delicias a tu diestra para siempre". Ana encontró su camino en la vida, lo que tú también puedes hacer. Si enfrentas confusión con respecto a quién eres y qué se ideó que hicieras con tu vida, prueba ministrando al Señor. Dedica tiempo a declarar tu nombre y tu amor por él. Recuerda que eres su novia. Tal como lo hizo con Ana, te mostrará el camino de la vida.

El lenguaje de la adoración

"Digno eres, Señor y Dios nuestro, de recibir la gloria, la honra y el poder, porque tú creaste todas las cosas; por tu voluntad existen y fueron creadas".

—Apocalipsis 4:11

Podemos tener una idea de cómo ministrar al Señor al ver cómo se le ministra en el cielo. El Señor es digno de "recibir la gloria". ¿Cómo recibe Dios la gloria? Muy sencillo, por la declaración de nuestros labios. Debemos darle la gloria debida a su nombre. La Ana de hoy en día expresará el oficio sacerdotal ofreciendo el fruto de sus labios en alabanza y adoración. La Ana de nuestros días ensalzará al Señor y declarará su majestad en la tierra.

La ministración al Señor puede expresarse a través de la adoración. Adorar es atribuir valor a alguien. *Adoración* es una palabra antigua que significa "condición de ser digno, dignidad, gloria, distinción, honor, renombre; reverencia pagada a un ser sobrenatural o divino". Basándonos en esta definición, podríamos decir que ministramos a Dios al declarar su valor en la tierra. Nunca podremos adorar verdaderamente a Dios si no entendemos lo que él vale. Es muy valioso pasar tiempo con el Señor. Él se convierte en nuestro escudo y en una recompensa enormemente grande. Es así como viene a estar en comunión con nosotras.

La Ana de hoy en día debe desarrollar un vocabulario de adoración. Meditar en el nombre y la naturaleza del Señor enciende nuestra pasión por el servicio. Para desarrollar tu lenguaje de adoración, una buena idea es comenzar con el Salmo 145 o con Apocalipsis 5:12. A continuación veremos algunas palabras del Salmo 145 (RVR1960, énfasis agregado) que puedes emplear para desarrollar tu lenguaje de adoración:

Te *exaltaré*, mi Dios, mi Rey, y bendeciré tu nombre eternamente y para siempre. Cada día te bendeciré, y alabaré tu nombre eternamente y para siempre. Grande es Jehová, y digno de suprema alabanza; y su *grandeza* es inescrutable. Generación a generación celebrará tus obras, y *anunciará* tus *poderosos* hechos. En la hermosura de la gloria de tu magnificencia, y en tus hechos maravillosos meditaré. Del poder de tus hechos estupendos hablarán los hombres, y yo publicaré tu *grandeza*. Proclamarán la memoria de tu inmensa *bondad*, y cantarán tu *justicia*. Clemente y misericordioso es Jehová, lento para la ira, y grande en misericordia. Bueno es Jehová para con todos, y sus misericordias sobre todas sus obras. Te alaben, oh Jehová, todas tus obras, y tus santos te bendigan. La *gloria* de tu reino digan, y hablen de tu poder, para hacer saber a los hijos de los hombres sus poderosos hechos, y la gloria de la magnificencia de su reino. Tu reino es reino de todos los siglos, y tu *señorío* en todas las generaciones. Sostiene Jehová a todos los que caen, y levanta a todos los oprimidos. Los ojos de todos esperan en ti, y tú les das su comida a su tiempo. *Abres tu mano*, y colmas de bendición a todo ser viviente. Justo es Jehová en todos sus caminos, y misericordioso en todas sus obras. Cercano está Jehová a todos los que le invocan, a todos los que le invocan de veras. Cumplirá el deseo de los que le temen; oirá asimismo el clamor de ellos, y los salvará. Jehová guarda a todos los que le aman, mas destruirá a todos los impíos. La alabanza de Jehová proclamará mi boca; y todos bendigan su santo nombre eternamente y para siempre.

- *Exaltaré* significa "alabar mucho; levantar; elevar; como para ensalzar las virtudes de uno; elevar con alabanza". Muy a menudo ponemos a Dios a nuestro nivel, pero debemos recordar que él está por encima de todas nuestras situaciones y circunstancias. Debemos comenzar en oración con la perspectiva correcta de Dios. La

Ana de hoy en día debe determinar, en su corazón, que Dios es alto y poderoso.

- *Grandeza* significa "la condición de ser más grande en tamaño, calidad o cantidad; más allá de lo ordinario".[3] La grandeza de Dios describe "el alcance y la magnitud de [sus] cualidades".[4] Dios está por encima de lo ordinario; nada es imposible para él. Es importante hablar de su grandeza a la próxima generación para que el nombre del Señor se perpetúe en la tierra. Esta es la clave de la unción de Ana: al pasar tiempo en la presencia de Dios, contemplando la inmensidad de su grandeza, sentirás una unción tal que la declararás a los demás.

- *Declarar* significa "anunciar la existencia de; hacer una afirmación sin reservas"; "proclamar o manifestar alguna opinión o resolución; dar a conocer explícitamente alguna determinación".[5] En el lugar de adoración hay audacia y confianza en la existencia de Dios. Al declarar la gloria, la majestad y el poder de Dios, él se manifestará en esas expresiones.

- *Poderoso* significa "enérgico en cualquier manera, física, mental o moralmente; tener un gran mando; algo realizado con gran poder". Dios es supremo; él es el que realiza todas las cosas. Ana fue la primera en proclamar a Cristo. Creo que meditar en sus poderosos actos les dará a las mujeres que tienen la unción de Ana la fe necesaria para realizar y proclamar los poderosos actos de Dios.

- *Bondad* significa "condición o calidad de ser bueno; virtud; excelencia; amabilidad; generosidad; benevolencia; la mejor parte, esencia o elemento valioso de una cosa". La bondad de Dios es una verdad fundamental. Cuando entremos a la presencia del Señor, debemos comprender y declarar su bondad. Debemos creer que él es bueno, por lo que escuchará y contestará las oraciones. Dios es la fuente de todo lo bueno y su bondad se extiende a nosotras.

- *Justicia* significa "pureza de corazón y rectitud de vida... incluye todo lo que llamamos equidad, honestidad y virtud, con santos afectos". Dios es justo; no hay perversidad en él. Él es bondadoso y está lleno de compasión por sus hijos. Dios es justo en todos sus caminos y bondadoso en todas sus acciones. Esto nos da confianza para orar por los lugares tortuosos y accidentados de nuestra sociedad. Si vamos a gobernar y reinar en esta vida, debemos tomar el cetro de la justicia. La Ana de hoy en día cultivará un corazón recto, lleno de justicia, y orará en el Espíritu con autoridad.

- *Gloria* en hebreo significa "peso; lo que es sustancial o pesado; gloria, honor, esplendor, poder, riqueza, autoridad, magnificencia, fama, dignidad, riquezas y excelencia".[6] Creo que todo lo que necesitamos se encuentra en la gloria de Dios. Isaías 60:1 declara que la gloria del Señor se levantará sobre los creyentes. El peso de la gloria de Dios que descansa sobre nuestras vidas es algo que debemos honrar y reverenciar. La gloria restaurará la dignidad y el honor en la iglesia. La gloria de Dios distingue a los verdaderos creyentes de aquellos que practican la religión falsa.

- *Dominio* significa "autoridad soberana o suprema; el poder de gobernar y controlar; soberanía; supremacía". En el lugar del culto, debemos dar a conocer a los hijos de los hombres el dominio del reino. La Ana de hoy en día tendrá una revelación del poder supremo del reino de Dios. Sus oraciones se extenderán mucho más allá de su existencia inmediata a las generaciones venideras.

- *Abres tu mano*. Esta frase habla de la seguridad, la providencia, la provisión, la protección y los milagros de Dios. En el lugar de adoración vemos el poder de la mano del Señor. Dios siempre está dispuesto a darles cosas buenas a sus hijos. Dios sostiene a todos los que caen, los que son demasiado débiles para mantenerse estables. La Ana de nuestros tiempos comprenderá que el Señor responde a nuestro clamor en adoración. El Señor cumplirá nuestras peticiones y nos librará de los malvados.

Dios está buscando a aquellos que lo adoren en espíritu y en verdad. Cuando declaramos su naturaleza, él se entroniza en nuestras alabanzas. Hay muchas otras palabras en Apocalipsis y Salmos que pueden desarrollar tu vocabulario de adoración.

La diversidad de la oración

Oren en el Espíritu en todo momento, con peticiones y ruegos. Manténganse alerta y perseveren en oración por todos los santos.

—Efesios 6:18

Es importante observar que hay diversos tipos de oraciones enumeradas en la Biblia. Si vamos a ver un gran avance y la liberación de la gloria de Dios, debemos estar dispuestos a fluir con el Espíritu Santo en la diversidad. Podemos asegurarnos de lo que afirma Pablo en su Carta a los Efesios —6:18— en cuanto a que hay muchas oraciones que deben hacerse por los santos de Dios. La oración de intercesión adopta muchas expresiones diferentes, pero la motivación es la misma: la implantación del reino de Dios sobre la tierra.

Oración de arrepentimiento

Padre, acudo al trono de la gracia con valentía para obtener misericordia y encontrar gracia en tiempos de necesidad. Te pido que tengas misericordia de mí conforme a tu misericordia y tus tiernas piedades. Borra mis rebeliones y lávame más y más de mi pecado. Señor, te pido que crees en mí un corazón limpio y renueves un espíritu justo dentro de mí. Me arrepiento de [indica de qué necesitas arrepentirte]. Señor, te pido que me perdones. Reconozco mi pecado y te pido que elimines mi pecado y me limpies con hisopo. Que el gozo y la alegría regresen a mi corazón. En el nombre de Jesús oro.

Oración de adoración

Señor, te doy la gloria debida a tu nombre. ¡Toda bendición, honra, gloria y poder sean para ti! Señor, eres grande y digno de alabanza. Tu grandeza es inescrutable. No hay nadie como tú. Te bendigo y engrandezco tu nombre. Eres genial y hacedor de milagros. ¡Que toda la creación se incline ante ti! ¡Te declaro digno! Eres digno de recibir honra. ¡Santo eres tú, Señor! ¡Fiel eres tú, Señor! Eres misericordioso, clemente y lento para la ira. Señor, eres bueno conmigo y te amo con todo mi corazón, mi alma y todo lo que sé. Mi alma se deleita en ti. Eres exaltado en los cielos. Eres engrandecido sobre la tierra. Dios, ¡El poder te pertenece!, tú gobiernas y reinas sobre la tierra. Sean conocidos en la tierra tus caminos y entre las naciones tu salvación.

Capítulo 6

PIDE, BUSCA, LLAMA

Pueblo de Sión, que habitas en Jerusalén, ya no llorarás más. ¡El Dios de piedad se apiadará de ti cuando clames pidiendo ayuda! Tan pronto como te oiga, te responderá.

—Isaías 30:19

¡Dios escucha y responde las oraciones de los justos! Este es el tiempo en que el Espíritu Santo está conquistando a una generación de mujeres para que alcen su voz con oraciones audaces e intrépidas. Los días de elevar oraciones estereotipadas como "ahora me acuesto a dormir, en tu nombre", se acabaron. La unción de Ana empoderará a las mujeres para que acojan nuevas posibilidades por desarrollar en el lugar de la oración.

Muchas de nosotras hemos sido entrenadas para orar y pedirle a Dios cosas basadas en lo que creemos que merecemos, pero aquellas que han cultivado la unción de Ana pedirán cosas basadas en su amor por ellas. Dios es nuestro Padre y a él le encanta dar buenos regalos a sus hijos. Entonces, ¿por qué no pedirle naciones, ciudades, avivamiento y despertar espiritual? Las posibilidades son ilimitadas. Dios está equipando a los intercesores para que vean al mundo desde una perspectiva humana. Está ampliando el alcance de nuestra percepción para que consideremos al mundo desde una óptica celestial. La tierra, toda su plenitud y los que la habitan pertenecen al Señor. Por tanto nuestra intercesión puede influir en la tierra.

No tenemos que quedarnos de brazos cruzados y ver cómo ocurren los desastres; podemos pedirle a Dios que intervenga. Podemos orar para que se reemplacen los gobernantes malvados, se revoquen las leyes injustas y se elimine la pobreza sistematizada. Aquellas mujeres que poseen la unción de Ana orarán por un cambio en cada área de la vida. Esta es una hora crítica en la historia de la humanidad. La decadencia moral, la sequía física y económica, la mediocridad en toda su extensión y el declive espiritual han empobrecido a las naciones en muchas maneras. Una densa oscuridad está cubriendo la tierra. Muchos han perdido la esperanza y creen que la depravación moral de la cultura es irreversible, pero no lo es. Dios prometió en el Salmo 2:8 que, si le pedimos, él nos dará las naciones por herencia y los confines de la tierra por posesión. El destino de las naciones está en manos de los intercesores, incluidas las mujeres que poseen la unción de Ana.

Pide cualquier cosa en mi nombre

Cualquier cosa que ustedes pidan en mi nombre, yo la haré; así será glorificado el Padre en el Hijo. Lo que pidan en mi nombre, yo lo haré.

—Juan 14:13-14

Dios nos aseguró que, si le pedimos algo en su Nombre, él nos lo concederá. Por tanto, necesitamos una revelación de la autoridad espiritual que se nos ha otorgado en función de nuestra relación con el Señor Jesucristo. En su soberanía y su sabiduría, él ha reservado ingentes bendiciones y avances para nuestra generación si su pueblo se levanta en fe y se lo pide. Hay autoridad cuando pedimos en el nombre de Jesús. Debemos comprender la amplitud y el alcance de la autoridad que yace en el nombre de Jesús.

Jesús confirmó su autoridad sobre las leyes de la naturaleza al caminar sobre el agua (Mateo 14:25). Mostró el poder de la palabra hablada para controlar las fuerzas de la naturaleza

(Marcos 4:39). Nos mostró que la oración puede alterar las leyes de la física cuando multiplicó los alimentos y convirtió el agua en vino (Mateo 14:19-20; Juan 2:7-9). Jesús confirmó su autoridad sobre la enfermedad al sanar a multitud de personas (Mateo 4:23). Jesús comprobó su enorme poder cuando resucitó a Lázaro (Juan 11:43-44). Incluso derrotó al enemigo supremo, la muerte, al resucitar de entre los muertos (Romanos 6:9). Además, dijo: "Toda autoridad me ha sido dada en el cielo y en la tierra"; esa misma autoridad es la que nos concedió a nosotras (Mateo 28:18; Lucas 10:19). Nos dio el derecho y el permiso de usar su nombre.

Uno de los principales medios para ejercer la autoridad de Jesús es la oración. Podemos gobernar y reinar ejerciendo el poder del reino de Dios con el cetro de la oración. No hay autoridad más genuina que la del creyente que ora sentado en el trono celestial con Cristo (Efesios 2:6). Dios no derramará bendiciones, no concederá avances, no efectuará sanidades ni promoverá avivamientos en nuestra tierra hasta que el pueblo del Señor se humille, ore, busque su rostro y se aparte de los caminos perversos. Por tanto, debemos activar la autoridad que el Señor nos ha dado para mejorar la calidad de vida en la tierra. Dios escogió el cuerpo de Cristo para expresar plenamente el poder que Jesús obtuvo en la cruz en el ámbito terrenal.

Impertinencia o persistencia insolente

Supongamos —continuó— que uno de ustedes tiene un amigo, y a medianoche va y le dice: "Amigo, préstame tres panes, pues se me ha presentado un amigo recién llegado de viaje, y no tengo nada que ofrecerle". Y el que está adentro le contesta: "No me molestes. Ya está cerrada la puerta, y mis hijos y yo estamos acostados. No puedo levantarme a darte nada [¿no podía en verdad?]". Les digo que, aunque no se levante a darle pan por ser amigo suyo, sí se levantará por su *impertinencia* y le dará cuanto necesite. Así que yo les digo: *Pidan*, y se les dará; *busquen*, y encontrarán; *llamen*, y se les abrirá la puerta. Porque todo el que pide recibe; el que busca encuentra; y al que llama, se le abre.

—Lucas 11:5-10, énfasis agregado

Dios desea darles cosas buenas a sus hijos. Por eso nos da todo lo que le pidamos y, precisamente, uno de los principios fundamentales del reino es que debemos pedir. Todo en el reino es activado a través de la voz. Por tanto, debemos verbalizar nuestra necesidad al Padre. Sí, Dios conoce nuestras necesidades antes de que se la expliquemos o le pidamos algo, pero lo que más le interesa es desarrollar relaciones estrechas con sus hijos. Quiere conectarse con nosotras a un nivel más profundo que el de, sencillamente, exponer nuestras peticiones; ya que lo que más le importa es que interactuemos con él y con lo que le apasiona por nosotras.

Jesús nos exhorta a pedir, buscar y llamar en oración. Pedir, buscar y llamar son niveles ascendentes de determinación en el ámbito de la oración predominante. Pedir, buscar y llamar son acciones continuas. Este tipo de oración es una oración impertinente. *Impertinencia* se define como "persistencia insolente". Es hacer una petición o demanda repetitiva y tediosa. Si vamos a ver un avivamiento y un despertar espiritual, debemos determinar ver fijamente la bondad de Dios en la tierra de los vivientes. Las mujeres de hoy en día que poseen la unción de Ana han de ser sinceras, fervientes, constantes, persistentes y perseverantes en la búsqueda del rostro de Dios. Deben ser mujeres que persistan en la oración. Aquellas que disfrutan de la unción de Ana presionarán orando —por las necesidades de esta generación— ante el trono de Dios "con una energía que no se cansa nunca, una perseverancia que no decae y una valentía que nunca falla".[1] Este tipo de oración aumenta en intensidad. La oración impertinente no es vergonzosa porque no tiene contemplaciones con nadie. La Ana de hoy en día ha de tener audacia intrépida y no detenerse ante nada; se inmiscuirá tanto en la necesidad del prójimo que solo pensará en ella y en cómo puede Dios satisfacerla. Dios está forjando una unción sobre la Ana de nuestros días para que espere con perseverancia y desarrolle la audacia para no rendirse nunca, hasta que la gracia y la gloria del Señor cubran la tierra.

Oración de petición

Pidan, y se les dará.

—Mateo 7:7

El primer nivel de oración impertinente es pedir. *Pedir* en este pasaje se puede definir como "suplicar, rogar, solicitar, peticionar o exigir". Esta no es una pregunta casual, es pedir a gritos a alguien con gran autoridad que intervenga. Es reconocer con humildad una autoridad superior que es fuente de liberación. Este nivel de oración tiene una intensidad y una seriedad que rayan en la desesperación. Esta clase de oración insta, con un grito fuerte y enérgico, a llamar la atención de alguien.

David nos dio un ejemplo perfecto de una oración clamorosa: "Mañana, tarde y noche clamo angustiado, y él me escucha" (Salmos 55:17). La palabra hebrea para *clamar* en voz alta significa "murmurar, gruñir, rugir, llorar en voz alta, sollozar, enfurecerse, sonar, hacer ruido, alborotar, chillar, agitar, ser fuerte, conmoverse, estar turbado, estar en un alboroto". Hay una generación de mujeres que no serán silenciadas por el miedo, la religión ni la indiferencia. Esas mujeres se reunirán en lugares de oración para crear un alboroto en el espíritu en cuanto a la iglesia complaciente y sin pasión. Habrá un sonido tumultuoso; atemorizarán el corazón del enemigo. Ese sonido hará temblar la tierra y Dios rasgará los cielos para luego descender con poder y gloria (Salmos 18:6-9). Las mujeres que piden y claman a Dios mueven su mano y su corazón. Por su parte, él viene con actos poderosos sobre la tierra. Esas reuniones de oración se parecerán a las que se describen en el Libro de los Hechos, estremecerán los propios cimientos de la tierra, liberarán a los cautivos y traerán sanidad y liberación a los atados, además de un avivamiento generalizado sobre la tierra.

Busca en oración

Busquen, y encontrarán.

—Mateo 7:7

El segundo nivel de oración impertinente lo constituye la búsqueda. Una vez que le has pedido a Dios en oración, el siguiente paso es buscar la respuesta en su rostro. Este nivel de oración va más allá de las soluciones superficiales y los alivios para los desafíos más difíciles de la vida. Este nivel de oración comienza con la determinación de seguir buscando hasta encontrar el objetivo requerido. Surge cuando el corazón del intercesor, o la intercesora, determina recibir la respuesta a la oración y no ceja en su esfuerzo. Hay una determinación fija de buscar y de suplicar con diligencia a Dios, de buscar con seriedad hasta que se ubique el objeto de la búsqueda. La palabra griega para *buscar* en este pasaje significa "encontrar; buscar una cosa; rebuscar [para descubrir] pensando, meditando, razonando, indagando; buscar, investigar, apuntar, esforzarse por alcanzar; averiguar; es decir, exigir, requerir; desear, reclamar algo de alguien".

Buscar en oración implica buscar el rostro del Señor, su presencia y su consejo en una situación dada. Es inclinar el corazón, escuchar atentamente con oídos espirituales y buscar el entendimiento. Esta oración implica escudriñar las Escrituras, proclamar las promesas de Dios y buscar el discernimiento y la sabiduría de Dios. Ello requerirá meditar en la Palabra y pasar tiempo aislada hasta que Dios venga con la respuesta esperada. Este tipo de oración implica la búsqueda cercana de Dios. Buscas a Dios con diligencia porque sabes que solo él tiene la respuesta a tu problema. Él ha prometido que recompensa a los que lo buscan diligentemente (Hebreos 11:6).

Hay muchas cosas que suceden en nuestra sociedad que requieren una cuidadosa investigación e indagación del Señor. Muchas veces, en la oración, nos encontramos sin palabras y nuestro entendimiento de la voluntad del Señor es infructuoso, pero el Señor prometió que el Espíritu Santo nos ayudará en nuestras debilidades. El Espíritu Santo nos enseñará a orar como debemos o según lo requiera la ocasión (Romanos 8:26). El Espíritu Santo iluminará los ojos de nuestro entendimiento mientras oramos en nuestro expresión espiritual con lenguas en el Espíritu.

Llama a la oración

Llamen, y se les abrirá.

—Mateo 7:7

El tercer ámbito de la oración impertinente radica en el llamado. Las puertas se abren y se cierran en el espíritu cuando los creyentes oran y pronuncian las palabras de Dios en la tierra. Una vez que le has pedido a Dios, buscado su rostro y obtenido una respuesta, debe haber un parto o incluso un tiempo de dolores de parto antes de que la respuesta se manifieste en la tierra. Esta oración puede incluso requerir guerra. La palabra griega para *llamar* significa "golpear; golpear [a una puerta] con un fuerte golpe".[2] Esta categoría de intercesión da en el blanco o en el punto de la oración como lo hace un rayo. Job 36:32 dice: "Toma entre sus manos el relámpago, y le ordena dar en el blanco". La palabra hebrea para *dar* es la misma que se usa para *intercesión*; que significa "dar en el blanco; alegar; impulso".[3] Llamar a la oración consiste en una invocación a una oración continua, una búsqueda del orden de Dios en el tiempo de Dios. ¿Alguna vez has llamado a una puerta solo una vez? Cuando llamamos a una puerta, instintivamente la tocamos varias veces para asegurarnos de que se escuche el golpe. Ese tipo de oración es como un golpe, que se apodera de la voluntad de Dios en una situación, presiona y da la pelea hasta que da a luz la respuesta. Llamar en oración implica tanto gemir como dolores de parto. Dios escucha los gemidos de su pueblo:

> Mucho tiempo después murió el rey de Egipto. Los israelitas, sin embargo, seguían lamentando su condición de esclavos y clamaban pidiendo ayuda. Sus gritos desesperados llegaron a oídos de Dios, quien al oír sus quejas se acordó del pacto que había hecho con Abraham, Isaac y Jacob. Fue así como Dios se fijó en los israelitas y los tomó en cuenta.
>
> —Éxodo 2:23-25

Los hijos de Israel estaban bajo extrema coacción, opresión y esclavitud, aunque no lo crean muchos. Ellos necesitaban salvación y liberación. Dios escuchó sus gemidos y se movió para librarlos. ¡Dios está despertando ese gemido una vez más! Hay mucha esclavitud y desesperación en la tierra. La Ana de hoy en día llorará, gemirá y sufrirá dolores de parto por la libertad de la esclavitud, la liberación de la opresión del enemigo así como también por la vida y la victoria en la tierra. Llamar a la puerta en oración es similar al trabajo de parto en el sentido de que da como resultado un nacimiento. Aquellas que tienen la unción de Ana trabajarán para que el avivamiento llegue a las naciones de la tierra. La unción necesaria para hacer realidad la voluntad de Dios se compara con el parto; esta unción está ligada con amor y pasión por los perdidos. El Espíritu Santo está exponiendo el corazón del Padre a través de una carga intensificada cuando las palabras son inadecuadas. *Trabajo* se define como "esfuerzo físico o mental; agonía; labor [de parto]". Llamar a la puerta en oración es un tipo de oración que genera un "nacimiento". Llamar en oración abre puertas de acceso al reino espiritual. Instar a la oración abre las puertas para que el evangelio sea predicado y avance sobre la tierra. Entrégate por completo a llamar a la puerta en oración. Tus gemidos, lágrimas y llantos llegarán más allá de lo visible, hasta el trono de Dios.

Pedir, buscar y llamar en oración producirá grandes beneficios en los días venideros. Quiero exhortarte a que aceptes la oración importante y rehúses que se te niegue la grandeza que el Señor ha prometido para ti y para esta generación. Entra en la presencia del Señor con humildad y sumisión, pero con santa valentía, pidiendo a tu Padre celestial lo que desees. Deja que la tenacidad y la perseverancia te motiven. No te muestres muy ansiosa por colocar un punto al final de su oración cuando Dios quiere poner una coma. Sigue pidiendo, sigue buscando y sigue llamando hasta que estés frente al rostro de Dios, hasta que tengas la certeza de que algo ha cambiado en tu vida, hasta que llegue el avivamiento, hasta que la violencia ya no se escuche en tus calles, hasta que tus hijos e hijas sean salvos, hasta que seas sanado, hasta que el nombre de Jesús sea reconocido en nuestra tierra y hasta que el conocimiento de la gloria de Dios cubra la tierra.

Oración por las naciones de la tierra

Padre, te pido por la salvación de las naciones de la tierra. Dijiste que, si te pedimos, nos darás las naciones por herencia y los confines de la tierra como nuestras posesiones. Señor, salva nuestra tierra. Me humillo. Acudo a ti orando y clamando, porque tú sanarás nuestra tierra. Me aparto de mis malos caminos. Señor, perdónanos por ser orgullosos y duros de corazón. Te pido que vengas con avivamiento y despertar espiritual. Te pido que seas misericordioso con nosotras y nos bendigas con tu presencia. Deja que tu rostro brille sobre nosotras. Señor, necesitamos tu sabiduría en nuestra tierra. Ato todo diablo anticristo que se desata en las naciones de la tierra. Padre, trae la paz a nuestras naciones. Que Jesús, el Príncipe de Paz, sea predicado en todas las naciones de la tierra. Que se levante la generación de obras mayores, aquellas que predicarán el evangelio con poder y prodigios, aquellas que no comprometerán tu norma de justicia.

Capítulo 7

INTERCESIÓN IDENTIFICATORIA

Recuerda cuáles son las marcas del verdadero intercesor... sentir la necesidad de las almas; el amor cristiano en el corazón; la conciencia de la impotencia personal; la fe en el poder de la oración; el valor para perseverar a pesar del rechazo; y la seguridad de una abundante recompensa.[1]

—Andrew Murray

Me encanta esta cita de Andrew Murray. La marca de una verdadera intercesora es "sentir la necesidad de las almas". Hemos perdido el concepto de guardar de nuestro hermano. Debemos volver a amar a nuestro prójimo como a nosotras mismas. La humanidad tiene necesidades y debilidades con las que solo Jesús puede ayudar. La Ana de hoy en día se acercará a él en busca de misericordia y se acercará a las personas y las naciones para servir de puente en la brecha; ella será la intermediaria para conectar al cielo y la tierra a través de la intercesión identificatoria. Ella alcanzará al cielo para derramar sanidad y liberación en las vidas de las personas.

Dios está instando a la iglesia, en estos tiempos, a que haga más que las oraciones usuales que parecen no tener poder alguno. Los tiempos en que se pronunciaban oraciones rutinarias, listas de peticiones y vanas palabrerías están llegando a su fin. Esos métodos fueron útiles, en su tiempo, para impulsar nuestra vida de oración. Eran como unas muletas con las que nos entrenaban, en el espíritu, y que impedían que cayéramos. Ahora bien, es tiempo de que hagamos más que orar por nuestras necesidades y las necesidades de los miembros de nuestra familia. Hay un mundo perdido y moribundo que es confundido por el poder de las tinieblas. La iglesia no puede quedarse de brazos cruzados mientras el mundo avanza, a pasos agigantados, hacia la decadencia moral y las falsas creencias. Es hora de pasar a otro nivel de acción. Jesús le dio a la iglesia su identidad central cuando dijo: "Mi casa será llamada casa de oración para todas las naciones" (Marcos 11:17). Es hora de tomar el manto.

Hay otro nivel de oración necesario en este tiempo de la historia humana. La iglesia se ha vuelto indiferente e insensible a las necesidades de nuestras ciudades y naciones. El cuarenta y dos por ciento de la población mundial es parte de un grupo étnico no alcanzado por el evangelio de Jesucristo.[2] Las mujeres que poseen la unción de Ana están siendo llamadas y elegidas por el Espíritu de Dios para abandonar la cultura del ensimismamiento, la autogratificación y la autocomplacencia, para que abracen la intercesión identificatoria. Esta clase de intercesión se identifica con aquellos por los que el intercesor está orando, abogando por su causa ante el trono de Dios. Este tipo de intercesión antepone las necesidades de los demás a las del que intercede. Esto requerirá acoger una abnegación motivada por el estilo de vida, incorporando lo que en realidad significa seguir a Cristo. Este tipo de intercesión implica morir a una misma y dar la vida en oración por los demás. El intercesor puede sentir lo que otros sienten por el poder del Espíritu Santo, lo que resulta en una oración que prevalece.

Una de las mayores expresiones de amor que existe se encuentra en el acto de intercesión identificatoria. "Nadie tiene amor más grande que el dar la vida por sus amigos" (Juan 15:13). La intercesión identificatoria traerá la mayor cosecha de almas. La intercesión identificatoria también hace que las bendiciones del Señor se derramen sobre la vida del que intercede.

Jesús: el principal intercesor

En los días de su vida mortal, Jesús ofreció oraciones y súplicas con fuerte clamor y lágrimas al que podía salvarlo de la muerte, y fue escuchado por su reverente sumisión.

—Hebreos 5:7

Hebreos 7:24-25 declara: "Pero, como Jesús permanece para siempre, su sacerdocio es imperecedero. Por eso también puede salvar por completo a los que por medio de él se acercan a Dios, ya que vive siempre para interceder por ellos". Jesús, el Rey del universo, es un intercesor. Él tiene todo el poder en su mano, pero vive para interceder por la humanidad. ¡Eso es fascinante! La mediación sacerdotal es parte del ministerio constante de Jesús. Aquellas de nosotras que poseemos la unción de Ana tenemos el privilegio de conectarnos con las oraciones que Jesús está orando en este preciso momento.

La oración identificatoria modela la obra de Jesús en la tierra. La máxima expresión de intercesión fue que los pecados del mundo entero recayeron sobre Jesús. Hace más dos mil años, la sangre de Jesús expió nuestros pecados, por lo que nuestra salvación está segura. Jesús abrió un camino para que cada ser humano se acercara a Dios personalmente y desarrollara una relación particular con el Padre celestial. Él se paró en la brecha por la humanidad al morir en la cruz. Jesús fue el chivo expiatorio que se llevó nuestros pecados para siempre. Para interceder por nosotros, primero se hizo uno con nosotros, identificándose con nosotros en nuestra carne, sintiendo nuestras debilidades y siendo tentado en todas las cosas, tal como nosotros. (Ver Hebreos 2:14-17).

La intercesión identificatoria se apodera del pecado en la oración y lo lleva ante el trono de la gracia para obtener misericordia en nombre del pecador. Este tipo de oración requiere humildad, además de un corazón contrito y quebrantado. La intercesión se expresa de dos formas. En primera instancia, identificarse con los hombres pecadores y, en segundo lugar, identificarse con Dios.

Ejemplos de intercesión identificatoria

Interceder por nuestras naciones, ciudades y familias requiere humildad, entrega y quebrantamiento. Muchos grandes hombres y mujeres de las Escrituras dan un ejemplo poderoso de intercesión identificatoria. Nuestro primer ejemplo se encuentra en la expresión del ministerio sacerdotal practicado en el Antiguo Testamento. Los sacerdotes modelaron el trabajo de intercesión identificatoria. Tenían que presentarse ante un Dios santo y entregar sacrificios por el pecado de todos los moradores de la tierra. Se pararon en la brecha e hicieron el papel de puente entre Dios y el hombre. Veamos algunos otros ejemplos de intercesión identificatoria.

Daniel

> Aparta tu ira y tu furor de Jerusalén, como corresponde a tus actos de justicia. Ella es tu ciudad y tu monte santo. Por nuestros pecados, y por la iniquidad de nuestros antepasados, Jerusalén y tu pueblo son objeto de burla de cuantos nos rodean.
>
> —Daniel 9:16

Daniel nos da un ejemplo de la postura del corazón que debe tener el intercesor: "porque por nuestros pecados y por las iniquidades de nuestros antepasados, Jerusalén y tu pueblo son objeto de burla de cuantos nos rodean".

Daniel se identificó con el pecado. No estaba señalando con el dedo a otra generación; así que tomó dominio de ello. Le recordó a Dios su carácter y su justicia. Confesó el pecado. Y oró por toda la nación.

Nehemías

> Ellos me respondieron: "Los que se libraron del des-
> tierro y se quedaron en la provincia están enfrentan-
> do una gran calamidad y humillación. La muralla de
> Jerusalén sigue derribada, con sus puertas consumidas
> por el fuego". Al escuchar esto, me senté a llorar; hice
> duelo por algunos días, ayuné y oré al Dios del cie-
> lo. Le dije: "Señor, Dios del cielo, grande y temible,
> que cumples el pacto y eres fiel con los que te aman y
> obedecen tus mandamientos, te suplico que me prestes
> atención, que fijes tus ojos en este siervo tuyo que día y
> noche ora en favor de tu pueblo Israel. Confieso que los
> israelitas, entre los cuales estamos incluidos mi familia
> y yo, hemos pecado contra ti".
>
> —Nehemías 1:3-6

Nehemías era el copero del rey. Vivía en el lujo y la como-
didad del palacio. Era un hombre que pudo haber sido indiferente a la difícil situación que atravesaba su pueblo. Pero
Nehemías se enteró de la condición de su nación, lo que activó la compasión en su corazón. Esa compasión lo movió a
permanecer en la brecha por su nación. Cuando vengan la
devastación y la destrucción, Dios despertará la intercesión
identificatoria en los corazones de los intercesores para pedir
su intervención. Cuando escuches informes malvados sobre tu
ciudad o tu nación, no te sientas impotente ni frustrada. Abre
tu boca y clama en intercesión. Recuerda que Dios escucha y
contesta las oraciones.

Nehemías comenzó a llorar, a lamentarse y a ayunar porque amaba a su gente. El amor es la mayor motivación para la
intercesión. Nehemías tenía un corazón contrito y humillado
ante el Señor. Estos son instrumentos de intercesión identificatoria. Son una expresión de tristeza sacra. La tristeza sacra
lleva a las personas al arrepentimiento.

Nehemías reconoció la naturaleza soberana de Dios, que actúa de acuerdo con sus promesas. Nehemías se identificó con el pecado de sus antepasados. Nehemías confesó ese pecado. Usó la Palabra de Dios para recordarle al mismo Dios sus promesas y pedirle misericordia de lo alto. Pero Dios es el mismo ayer, hoy y siempre. Lo que fue eficaz en los días de Daniel y Nehemías, lo es también en nuestros tiempos. Daniel y Nehemías mostraron el poder de la intercesión identificatoria para traer avivamiento, reforma, restauración y reconciliación a una generación negligente. La intercesión identificatoria es el mismo ministerio de meditación y reconciliación del Señor Jesús. Daniel y Nehemías nos dieron un patrón a seguir para la intercesión identificatoria:

- Desarrollar un corazón compasivo
- Ayunar y orar por la nación, por la ciudad y por la gente
- Identificarnos con el pecado
- Reconocer la soberanía y la naturaleza justa de Dios
- Confesar el pecado
- Mostrar dolor piadoso por el pecado
- Usar la Palabra de Dios para recordarle al propio Dios sus promesas
- Pedir a Dios misericordia a favor de la gente, la nación y la ciudad.

Resultados de la intercesión identificatoria

Esto es, que en Cristo, Dios estaba reconciliando al mundo consigo mismo, no tomándole en cuenta sus pecados y encargándonos a nosotros el mensaje de la reconciliación. Así que somos embajadores de Cristo, como si Dios los exhortara a ustedes por medio de nosotros: "En nombre de Cristo les rogamos que se reconcilien con Dios". Al que no cometió pecado alguno, por nosotros Dios lo trató como pecador, para que en él recibiéramos la justicia de Dios.

—2 Corintios 5:19-21

El resultado final de la intercesión identificatoria es reconciliar al hombre con Dios. El ministerio de la reconciliación es el proceso por el cual Dios y el hombre se vuelven a unir, es decir, restablecen la comunión mutua. Las mujeres de hoy en día que tienen la unción de Ana son embajadoras de Cristo, son mujeres que ruegan en oración por otros que pueden no estar preparados para encontrar la plenitud de la vida en Jesús. A través de la intercesión, las mujeres con la unción de Ana derraman amor y liberación a los necesitados.

La intercesión identificatoria hace que los planes y propósitos originales de Dios sean restaurados en la tierra. Joel 2 revela el poder del llanto, el duelo y el ayuno para traer restauración a la tierra. *Restaurar* se define como "devolver o restituir a un estado anterior u original". En la Biblia, cuando algo se restaura, esa restauración siempre se evidencia en aumento o mejora de ese algo, de modo que el estado final es mejor que el estado original. "Dios se multiplica cuando restaura".[3] Jesús, en verdad, quiere que tengamos vida y que la tengamos en abundancia. Por tanto, debe haber un grupo de mujeres con la unción de Ana que apelen al misericordioso corazón de Dios para que envíe un despertar espiritual a nuestra generación.

El ayuno escogido por Dios

El ayuno que he escogido, ¿no es más bien romper las cadenas de injusticia y desatar las correas del yugo, poner en libertad a los oprimidos y romper toda atadura? ¿No es acaso el ayuno compartir tu pan con el hambriento y dar refugio a los pobres sin techo, vestir al desnudo y no dejar de lado a tus semejantes? Si así procedes, tu luz despuntará como la aurora, y al instante llegará tu sanidad; tu justicia te abrirá el camino, y la gloria del SEÑOR te seguirá.

—Isaías 58:6-8

Los dos obstáculos principales para la intercesión identificatoria eficaz son la indiferencia y la dureza de corazón. *Indiferencia* significa "falta de interés o preocupación". Los sinónimos incluyen despreocupación, apatía, indolencia e insensibilidad, todo lo cual implica una falta de sentimiento. *Dureza de corazón* significa que el corazón de una es frío, insensible, inclemente o inflexible. En las Escrituras, la dureza de corazón se refiere a "un rechazo interno persistente a escuchar y obedecer la palabra de Dios" o "una actitud indiferente o poco comprensiva hacia otras personas". La dureza de corazón y la indiferencia tienen su origen en el orgullo. Por tanto, el ayuno es una herramienta espiritual que te ayudará a desarrollar la humildad y a enternecer tu corazón. El ayuno escogido por Dios hará que quites la vista de tus necesidades y te enfoques en los demás. Ayunar es abstenerse de comer. Eso endulzará tu corazón ante la difícil situación de la humanidad. Experimentar el hambre puede generar en ti una sacra compasión por los hambrientos. El ayuno, además, humilla al alma. El ayuno hace que nos apartemos de la comida y nos volvamos a Dios.

El ayuno es una disciplina bíblica. A continuación veremos una lista de los beneficios del ayuno establecidos en Isaías 58:

- Hace que tu voz se escuche alto
- Desata las ataduras de la maldad
- Deshace las cargas pesadas
- Libera a los oprimidos
- Rompe todos los yugos
- Brinda un espíritu generoso
- Promueve un espíritu de hospitalidad
- Anima a cuidar de la familia, tanto la inmediata como la extendida

- Te ayuda a acceder al espíritu de revelación y sabiduría; tener respuestas a preguntas
- Destruye el espíritu de enfermedad; sana padecimientos prolongados
- Te extiende un cetro de justicia
- Hace de la gloria de Dios tu retaguardia; te brinda la protección del propio Dios
- Te da una nueva conexión con el corazón de Dios
- La sordera auditiva desaparece; puedes discernir rápidamente la voz del Señor
- La dureza del corazón es quebrantada; puedes recibir el consejo del Señor
- Termina con la sequía espiritual; puedes experimentar el refrigerio del Señor
- Elimina la pobreza generacional
- Desata las bendiciones generacionales
- Purifica tu corazón y tu hablar

Oraciones por avivamiento y despertar espiritual

Aparta tu ira y tu furor de Jerusalén, como corresponde a tus actos de justicia. Ella es tu ciudad y tu monte santo. Por nuestros pecados, y por la iniquidad de nuestros antepasados, Jerusalén y tu pueblo son objeto de burla de cuantos nos rodean … ¡Señor, escúchanos! ¡Señor, perdónanos! ¡Señor, atiéndenos y actúa! Dios mío, haz honor a tu nombre y no tardes más; ¡tu nombre se invoca sobre tu ciudad y sobre tu pueblo!".

—Daniel 9:16, 19

La tristeza que proviene de Dios produce el arrepentimiento que lleva a la salvación, de la cual no hay que arrepentirse, mientras que la tristeza del mundo produce la muerte.

—2 Corintios 7:10

Padre, te pido que derrames el espíritu de convicción en los corazones de los hombres una vez más. Que haya una profunda convicción de pecado una vez más. Muchos se han vuelto políticamente correctos, dejando la verdad del evangelio. Oro para que los líderes prediquen la verdad de tu Palabra una vez más. Permite que la unción del fuego purificador se manifieste en tu iglesia. Purifica y quema todo lo que hay en nuestro corazón que no te agrade. Tu Palabra dice que el producto del dolor piadoso es el arrepentimiento. Señor, oro para que el cuerpo de Cristo llegue al verdadero arrepentimiento, la confesión y la acción. Oro para que el verdadero quebrantamiento espiritual regrese a la iglesia. Vuelva al ayuno, al llanto y al duelo. Que los pastores de mi nación prediquen mensajes que traigan verdadero arrepentimiento.

Oración por un nuevo compromiso con la santidad, un compromiso con la santidad y la pureza radical, un compromiso de abstenerte del mal y un entendimiento de la justicia (Levítico 11:44; 2 Corintios 7:1; Tito 2:12).

Señor, necesitamos un gran despertar. Que el santo temor del Señor regrese a la iglesia nuevamente. Padre, haz que esta generación vuelva a tus caminos. Que la santidad y la justicia sean honradas nuevamente en la iglesia. Que haya una mayor conciencia de tu presencia, Dios, y una nueva hambre de justicia. Deseo ver tu gloria cubrir la tierra como las aguas cubren el mar. Deja que tu presencia manifiesta regrese a la tierra. Que estalle el avivamiento en mi país. Que el reino de Dios entre con poder. Que se manifiesten milagros, señales y prodigios en mi ciudad.

Oro por nuestros líderes: que vivan vidas de santidad y rectitud; que sean hombres y mujeres justos; que lleven la verdadera carga del Señor. Permite que el espíritu de valentía se apodere de los líderes para que hablen tu Palabra. Destruyo el espíritu de miedo que tiene mi líder. Dejemos que los líderes sean valientes y proclamen el evangelio como deben. Desato la audacia. Libero la revelación y la perspicacia del Espíritu Santo.

Permite que el poder del Espíritu Santo empodere a los líderes para predicar con las señales y los prodigios que le siguen. Que se les den expresiones del cielo para dar a conocer los misterios del evangelio. Que los líderes de esta generación se levanten para ser embajadores de Cristo.

Oración por un nuevo compromiso con la súplica, la intercesión y la oración por todos los hombres. Oremos para que surjan casas de oración en todo el mundo con un espíritu de oración genuino producido por el Espíritu Santo (1 Timoteo 2:1).

Padre, enséñame a temer tu nombre. Dices en tu palabra que bienaventurados los que tienen hambre y sed de justicia, porque ellos serán saciados. Dame el regalo del hambre. Vacíame de la religión y las tradiciones de hombres. Sácame del molde restrictivo de la religión. Líbrame de la religión muerta y seca. Mi alma tiene sed de ti en una tierra seca y fatigada. Vengo al pozo de tu Espíritu y te pido que me des de beber. Dame agua viva. Brota, oh pozo, dentro de mí. Deja que la fuente de agua brote en una fuente de vida eterna.

Espíritu Santo, ¡te necesitamos! ¡No hay avivamiento sin ti! Te pido que liberes la oración unificada por toda la tierra. Dejemos que el espíritu de gracia y súplica encienda los corazones humanos con una pasión por el Dios vivo. Levanta una generación para que clame día y noche como Ana y no te dé descanso hasta que el conocimiento de la gloria del Señor cubra la tierra como las aguas cubren el mar. Que se derrame sobre esta generación un espíritu de oración genuino producido por el Espíritu Santo.

Oración por un nuevo compromiso con el amor.
Oremos para que la iglesia camine en amor ferviente y
sincero por los hermanos. Que haya unidad y compañerismo.
Que haya odio por la contienda y la división (Salmos 133;
Romanos 5:5; Gálatas 5:13; Efesios 5:2; 1 Pedro 1:22).

*Señor, tu Palabra dice cuán bueno y agradable es para los
hermanos vivir juntos en unidad. Oro para que derrames
el óleo de la unidad. Haznos uno. Permite que la iglesia
experimente tu bendición, que disfrute tu vida para siempre. Derriba el muro de separación y de división. Sean
condenados los que esparcen semillas de discordia entre
los hermanos. Señor, oro para que sanes a tus hijos e hijas
y nos hagas uno. Oro para que nos hagas uno como tú y
Jesús son uno. Que el amarnos unos a otros sea nuestra meta más alta en el ministerio. Que aprendamos a
amarnos unos a otros para que el mundo sepa que viniste.
Dejemos que el espíritu de amor se vuelva tan tangible
que los hombres puedan verlo y sentirlo en la congrega-
ción. Enamorémonos de ti para que nos amemos unos a
otros.*

*Ato todo espíritu de competencia. Derramo unidad y
cooperación. Ato la crueldad y los celos. Ato al espíritu
de orgullo y de miedo. Derramo humildad y amor.*

*Padre, entendemos que no podemos amar con nues-
tras propias fuerzas. Espíritu Santo, danos poder para
amarnos unos a otros. Derrama el amor de Dios en nuestros corazones.*

Oración por el compromiso de evangelizar y
ganar a los perdidos (Mateo 9:37).

*Señor de la mies, te pedimos que envíes obreros a los
campos. Dale a los creyentes tu corazón por las almas.
Oro para que el honor del evangelista regrese a la iglesia.
Señor, nos arrepentimos por no ganar almas. Tu Palabra*

dice que el que gana almas es sabio. Deje que el espíritu de dureza de corazón sea quebrantado en los creyentes. Quiten las escamas de nuestros ojos para ver la cosecha a nuestro alrededor. Que el miedo y la intimidación se aparten de los creyentes. Confiemos en ti para que nos des palabras para hablar. Condúcenos a aquellos a quienes estamos llamados a ministrar el evangelio de salvación. Ordena nuestros pasos en tu Palabra. Que los predicadores y proclamadores regresen a la iglesia.

Oración por un compromiso con el avivamiento, la restauración y la reforma (Isaías 58:12-13; Salmos 85:6).

Padre, pedimos un avivamiento continuo en la tierra. Permite que tu presencia y tu gloria cubran la tierra como las aguas cubren el mar. Señor, te pedimos que restaures tu poder en la iglesia. Que se manifiesten milagros, señales y maravillas. Que el poder del Señor se presente para sanar. Sana familias, relaciones y corazones rotos. Que el avivamiento comience en el corazón de cada creyente. Que haya un nuevo compromiso para ver la reforma en la iglesia. Que se planten nuevas iglesias. Que nazcan nuevos ministerios para satisfacer las necesidades de esta generación.

Oración por un nuevo compromiso con la humildad (2 Crónicas 7:14).

Padre, nos humillamos bajo tu mano poderosa. Nos arrepentimos del orgullo, la arrogancia, la vanagloria y la altivez. Nos retractamos de nuestros malos caminos y nos dirigimos a ti. Buscamos tu rostro para obtener sabiduría e instrucción. Te pedimos que sanes nuestra tierra. Sana nuestra cultura. Líbranos del racismo y el odio. Permite que el espíritu de perdón y reconciliación llene nuestro corazón. Que tu paz vuelva a nuestra nación. En el nombre de Jesús oramos. Amén.

Capítulo 8

DESARROLLA EL ESPÍRITU DE GRACIA Y SÚPLICA

Que Dios abra nuestros ojos para ver cuál es el santo ministerio de intercesión para el cual, como su real sacerdocio, hemos sido apartados. Que él nos dé un corazón grande y fuerte para creer en la poderosa influencia que pueden ejercer nuestras oraciones. Y que todo el temor de que podamos cumplir con nuestra vocación se desvanezca al ver a Jesús, que vive orando constantemente —morando en nosotros— para animarnos a orar y para darnos seguridad de que la oración es eficaz.[1]

—Andrew Murray

Los nombres tienen poder y propósito. Cada nombre que aparece en la Palabra de Dios tiene significado. Los nombres en la Biblia, incluso, representaban hitos, pronósticos de tiempos y sazones. Cuando el arca de Dios fue capturada, la esposa de Finees dio a luz a un niño llamado Icabod (que significa "sin gloria"), marcando el comienzo de una temporada en la historia de Israel en el que la gloria de Dios se había ido. Cuando Jacob luchó con un ángel toda la noche hasta que cambió su naturaleza, pasó de ser llamado Jacob —"suplantador"— a Israel, "príncipe de Dios".[2]

Cuando analizamos la etimología del nombre de Ana, podemos obtener una gran comprensión de la unción en su vida. Ya hemos señalado que su nombre significa "gracia". Nombre que proviene de una raíz que significa "otorgar favor, ser amable y favorecer".[3] La palabra "describe una respuesta sincera de alguien que tiene algo que dar a alguien que lo necesita".[4] Si bien el vocablo se usa para las acciones de las personas hacia otras personas, se emplea principalmente para las acciones de Dios con los individuos. Un derivado de esa palabra yace en la popular frase "encontrar favor". Aun cuando Ana significa "gracia o favor", también puede significar "¡ah, ahora!" o "¡te suplicamos!".[5] La palabra *suplicar* da la imagen de una persona que ora fervientemente. Significa "pedir con urgencia o ansiedad; pedir con sinceridad; para hacer súplica". Por lo tanto, el nombre de Ana habla tanto de gracia como de súplica.

La Ana de hoy en día encontrará gracia en la presencia del Señor. Tendrá el favor de Dios y el de los hombres. En el ADN de las que tienen la unción de Ana yace la capacidad de suplicar al Señor con fervor y celo intercesor. Debido a que han pasado tiempo viviendo en la presencia del Señor, pedirán lo que quieran y se les dará. Las mujeres que poseen la unción de Ana ofrecerán sinceramente una intercesión compasiva que ha de conmover el corazón y la mano de Dios. Tendrán la gracia de suplicar al Señor que derrame su misericordia y su bondad. Serán mujeres fortalecidas por el espíritu de gracia y súplica.

El espíritu de gracia y súplica

> Y derramaré sobre la casa de David, y sobre los moradores de Jerusalén, espíritu de gracia y de oración; y mirarán a mí, a quien traspasaron, y llorarán como se llora por hijo unigénito, afligiéndose por él como quien se aflige por el primogénito.
>
> —Zacarías 12:10 RVR1960

Cuando Dios está listo para desplegar un avivamiento y un despertar espiritual en la iglesia, derrama el espíritu de gracia y súplica, liberando convicción y arrepentimiento. El espíritu de gracia y súplica te hará clamar para que Jesús venga a la tierra en poder y gloria. El Espíritu Santo es el espíritu de gracia y súplica que atraviesa la dureza del corazón al hacer que este sea atraído hacia Jesús, el Mesías. La mujer que es como Ana, en estos tiempos, será ungida por el Espíritu Santo con el espíritu de gracia y súplica para dar a luz cosas nuevas en la tierra a través de largas horas de oración. El Espíritu Santo unge la intercesión con una gracia que provoca una liberación sobrenatural de la capacidad de Dios de orar en nosotras. No podemos orar con nuestras propias fuerzas. Necesitamos la ayuda del Espíritu Santo. El Espíritu Santo es nuestra fuerza vigorizadora cuando presentamos súplicas ante Dios. La oración eficaz no es por fuerza ni por poder, sino por el Espíritu.

El Espíritu de gracia

Entonces respondió y me habló diciendo: Esta es palabra de Jehová a Zorobabel, que dice: No con ejército, ni con fuerza, sino con mi Espíritu, ha dicho Jehová de los ejércitos. ¿Quién eres tú, oh gran monte? Delante de Zorobabel serás reducido a llanura; él sacará la primera piedra con aclamaciones de: Gracia, gracia a ella.

—Zacarías 4:6-7 RVR1960

La oración de intercesión debe recibir el poder de la gracia de Dios. La palabra hebrea para *gracia* significa "actuar con gracia o misericordia hacia alguien; ser compasivo y estar inclinado favorablemente".[6] La palabra griega para *gracia* significa "favor inmerecido; un regalo gratis". También es "la manifestación del poder de Dios que excede lo que podríamos lograr o esperar por nuestro propio [trabajo]".[7] El espíritu de gracia nos habilita o empodera divinamente para lograr una oración eficaz.

Uno de los mayores escollos de las personas que interceden es trabajar en oración por el poder de la carne y no por el espíritu de gracia. Efesios 3:16 nos da la clave para la intercesión empoderada por el Espíritu: "Le pido que, por medio del Espíritu y con el poder que procede de sus gloriosas riquezas, los fortalezca a ustedes en lo íntimo de su ser". Es el Espíritu Santo el que te fortalece con una infusión de poder en tu ser interior. La tarea de la oración no se logrará con esfuerzo, fuerza ni resistencia física; solo se logrará mediante el empoderamiento del Espíritu Santo. Zacarías 4:6-7 nos muestra el beneficio del espíritu de gracia: te da poder para hablar a las montañas, las que representan lugares y situaciones difíciles. Las oraciones empoderadas por la gracia pueden hacer que las montañas se derrumben y caigan. El espíritu de gracia hace que tus oraciones se llenen de compasión por los necesitados. El espíritu de gracia te equipará con resistencia espiritual y longevidad en el lugar de la oración. Creo que fue el espíritu de gracia lo que le permitió a Ana pasar sesenta años en el templo.

El espíritu de súplica e intercesión

Así que, recomiendo, ante todo, que se hagan plegarias, oraciones, súplicas y acciones de gracias por todos.
—1 Timoteo 2:1

Lucas 2:37 dice que Ana servía a Dios con ayuno y oración día y noche. La palabra griega para *oración* en el pasaje es la misma palabra que se usa para *suplicar*. El espíritu de súplica da como resultado una oración constante, continua, incesante e inexorable. Es suplicar a Dios en nombre del ser humano. El espíritu de súplica implica la búsqueda incansable de Dios. Es la capacidad de implorar la ayuda de Dios en un asunto en particular y concreto. Es una solicitud específica, determinada, definida. Es una oración hecha con perseverancia y fervorosa petición. "Por nada estéis afanosos, sino sean conocidas vuestras peticiones delante de Dios en toda oración y ruego, con acción de gracias" (Filipenses 4:6 RVR1960). La súplica es el corazón que conversa y pide a Dios, busca y pide en nombre de la humanidad. Cuando el espíritu de súplica viene sobre ti en oración, invocas al Señor por una necesidad específica de una manera intensa, profunda e inapelable.

La obra del Espíritu Santo

Así mismo, en nuestra debilidad el Espíritu acude a ayudarnos. No sabemos qué pedir [como deberíamos], pero el Espíritu mismo intercede por nosotros con gemidos que no pueden expresarse con palabras. Y Dios, que examina los corazones [y las mentes], sabe cuál es la intención del Espíritu, porque el Espíritu intercede por los creyentes conforme a la voluntad de Dios. Ahora bien, sabemos que Dios dispone todas las cosas para el bien de quienes lo aman, los que han sido llamados de acuerdo con su propósito.

—Romanos 8:26-28

El Espíritu Santo es Dios en la tierra. No es viento, fuego ni paloma. Él puede manifestarse a sí mismo como esas cosas pero, en verdad, él es el Espíritu de Dios que vive dentro de nosotras. Deja que esa afirmación penetre en tu corazón y tu mente. ¡Tenemos a Dios viviendo dentro de nosotras! El mismo Espíritu que resucitó a Cristo de entre los muertos vive dentro de ti. ¡Tienes el poder de la resurrección viviendo dentro de ti! Es más, puedes acceder a ese poder y aplicarlo a cada situación de tu vida mediante la oración y la intercesión.

Jesús dijo que enviaría al Consolador para enseñarnos cosas. El área principal en la que se experimenta la ayuda del Espíritu Santo es la intercesión. Independientemente de lo que estés enfrentando, ya sea confusión, un hijo drogadicto, dificultades en tu matrimonio o violencia en tu ciudad, la solución se puede encontrar dentro de ti misma. Cuando te conectas al poder divino del Espíritu Santo en oración e intercesión, las circunstancias cambian.

El apóstol Pablo nos dio una imagen muy clara del ministerio de intercesión sobrenatural del Espíritu Santo. Quiero enfocarme en varias palabras y frases de Romanos 8:26-28, en griego, que brindan una idea de la obra del Espíritu Santo por la intercesión:

- *debilidad:* "del alma: falta de fuerza y de la capacidad que se requiere para hacer algo; incapacidad para entender una cosa; escases de fuerza para hacer cosas grandes y gloriosas; para refrenar los deseos corruptos; impotencia para soportar pruebas y problemas"
- *ayuda*: asirse de algo para recibir ayuda; participar, ayudar a soportar, socorrer o contribuir en general; agarrarse a otro que está trabajando
- *deberíamos:* "necesidad en referencia a lo que se requiere para alcanzar algún fin; necesidad de ley y orden, de deber, de equidad; necesidad establecida por el consejo y el decreto de Dios, especialmente por ese propósito suyo que se relaciona con la salvación de los hombres por la intervención de Cristo y que se revela en las profecías del Antiguo Testamento"
- *intercede*: una imagen del Espíritu Santo negociando o entrando en acción para rescatar y liberar a alguien que está en problemas; transmite la idea de una operación de rescate [8]
- *gemidos*: sollozos, quejidos, suspiros, gimoteos, lamentaciones, llantos
- *que no pueden expresarse con palabras*: "que no deben ser pronunciados, no expresados con palabras"; palabras que van más allá del idioma que hablamos naturalmente al lenguaje del Espíritu Santo
- *examina*: busca, analiza, investiga, explora, indaga
- *mente* [corazón]: pensamientos, ideas, intenciones, propósitos y planes profundos

Usando las palabras griegas, unamos todo esto para que podamos ver el alcance integral de la obra del Espíritu Santo en la oración. El Espíritu Santo ayuda a nuestra debilidad en la oración.

Hay momentos en los que nos sentimos abrumadas y arrinconadas. Las crisis globales, los fracasos económicos y nuestros propios errores pueden paralizarnos de miedo. El Espíritu Santo es el consolador, por lo que intercederá por nosotras. Hay muchos planes y propósitos para tu vida que no puedes conocer en tu entendimiento natural, pero el Espíritu Santo revelará los planes que Dios ha puesto en tu espíritu. De acuerdo con la voluntad de Dios, el Espíritu Santo intercede, o hace oraciones perfectas, por nosotras. El Espíritu Santo investiga los planes eternos de Dios para tu vida, ciudad o nación y los revela a tu espíritu humano, enseñándote a orar como debes. El Espíritu Santo se apodera de nosotras en la oración. Él viene a nuestro lado para ayudarnos a idear el curso de acción correcto en la oración.

Oremos en nuestro idioma celestial

De repente, vino del cielo un ruido como el de una violenta ráfaga de viento y llenó toda la casa donde estaban reunidos. Se les aparecieron entonces unas lenguas como de fuego que se repartieron y se posaron sobre cada uno de ellos. Todos fueron llenos [y todas sus almas] del Espíritu Santo y comenzaron a hablar en diferentes lenguas [extranjeras], según el Espíritu les concedía expresarse [con palabras adecuadas a cada una de esas lenguas].

—Hechos 2:2-4

El derramamiento del Espíritu Santo cambió todo para la iglesia del primer siglo. Ese derramamiento y la llenura abrieron un mundo de poder y autoridad para cada creyente. Lo que ocurrió el día de Pentecostés convirtió a las personas comunes y corrientes en personas extraordinarias. De repente, se impartió un nuevo lenguaje y el poder del Espíritu Santo se difundió por todas sus almas. El Espíritu de Dios les dio lenguas de fuego y expresiones claras y fuertes de Dios en maneras sobrenaturales. ¡Dios es el mismo ayer, hoy y siempre! Por ello, el derramamiento del Espíritu Santo les da a todos los que lo reciben la capacidad de experimentar el poder de Dios a nivel personal. Podemos recibir la llenura del Espíritu para orar en nuestro idioma celestial en nuestros días.

La oración en el espíritu se hace en un idioma que es concedido por el Espíritu Santo, no es algo que se aprende. Hablamos en lenguas por el poder que nos otorga el Espíritu Santo. Hablar en lenguas es expresarse en un idioma que tiene tonos y sonidos, cada uno con un significado diferente, en el mundo espiritual. Hablar en lenguas es evidencia de la llenura del Espíritu. También es útil para la edificación propia (Judas 20). Hablar en lenguas es la forma en que el Espíritu Santo intercede a través de nosotras en oración.

De modo que, para que nuestras oraciones sean efectivas, necesitamos la ayuda del Espíritu Santo. El Espíritu Santo hace que nuestras vidas de oración se fortalezcan espiritualmente con fuego y pasión. El Espíritu Santo nos permite orar más allá de nuestro razonamiento y nuestras limitaciones humanas. Así que, ¿cuál es la conclusión? El apóstol Pablo afirma su conclusión de manera categórica con las siguientes palabras: "Oraré con el espíritu, y oraré con el entendimiento" (1 Corintios 14:15). El Espíritu Santo da poder a las mujeres que tienen la unción de Ana para efectuar oraciones fervientes y efectivas, oraciones de gracia y súplica.

Oración por la impartición del espíritu de gracia y súplica

Padre, te pido que derrames el espíritu de gracia y súplica sobre mi vida. Permíteme elevar oraciones fervientes y eficaces. Espíritu Santo, ayúdame a interceder incesantemente por los perdidos. Deja que la gracia de Dios llene mi vida. Ayúdame a orar según tu voluntad y tu mente por ciudades y naciones. Infunde gracia en mis oraciones. Restaura el espíritu de súplica a tu iglesia. Espíritu Santo, enséñanos a hacer oraciones de súplica e intercesión para que podamos vivir vidas piadosas y pacíficas con toda piedad y reverencia sobre la tierra. Padre, te pido que actives y liberes una gracia similar sobre toda una generación de mujeres. Oremos hasta que el conocimiento de la gloria del Señor cubra la tierra.

Capítulo 9

LA GUERRERA ADORADORA

Por último, fortalézcanse con el gran poder del Señor. Pónganse toda la armadura de Dios para que puedan hacer frente a las artimañas del diablo.

—Efesios 6:10-11

Las mujeres modernas como Ana admiran a los guerreros de la tierra. El combustible que enciende nuestra guerra es el amor. La autoridad proviene de la revelación de la persona y el poder de Jesús al contemplarlo en la adoración. Las mujeres con la unción de Ana lucharán y orarán sin cesar porque se han encontrado con el Guerrero Santo. Ana pasó incontables horas en la presencia del Señor, orando y ayunando. Su corazón ardía en llamas y estaba conectado con el Señor. Ministrar al Señor la capacitó para orar con valentía y sin concesiones. La oración es una fuerza espiritual mediante la cual nos relacionamos con Dios e invitamos su presencia y poder a nuestras vidas. La oración es el vehículo para invocar la intervención de Dios en los asuntos de los seres humanos. La oración es el medio designado por Dios para obtener lo que necesitamos.

¡Adoradoras guerreras, levántense!

La iglesia se ha adormecido y, en muchos casos, se muestra ajena a la batalla que se libra contra su propia existencia. Sin embargo, debemos despertar y regresar a la identidad central de la iglesia, como lo declaró Jesús en Marcos 11:17: "Mi casa será llamada casa de oración para todas las naciones". Es hora de ponernos toda la armadura de Dios y abrazar el manto de intercesión para permanecer en la brecha por las almas de nuestras naciones.

Hay una batalla invisible, que está en plena acción, contra los cristianos. No podemos verla con nuestros ojos naturales, pero a veces podemos sentir su efecto. El enemigo anda como un león rugiente que busca destruir. Quiere matar tus sueños y destruir tu destino. Dios está levantando mujeres poderosas para que vayan a la batalla. Esas mujeres deben estar armadas, preparadas y comprometidas a pelear por sus matrimonios, sus hijos y las naciones de la tierra. Es hora de ponernos nuestra armadura espiritual y enfrentarnos al enemigo. Dios ha prometido que ningún arma que se forje contra nosotras prosperará (Isaías 54:17). Los problemas pueden surgir, pero no prosperarán si aprendemos a hacer oraciones eficaces contra ellos. El apóstol Pablo nos exhorta a ponernos toda la armadura de Dios para que resistamos las infernales fuerzas del mal (Efesios 6:11). Esa armadura se utiliza para proteger al guerrero de oración. El uso metafórico de la armadura y el traje de batalla del soldado romano del primer siglo apunta al hecho de que deberíamos estar comprometidas en una batalla activa en este preciso momento. La armadura representa cualidades espirituales que debemos implementar en nuestra vida para ser eficaces en la oración de guerra.

Sé fuerte en el Señor

> Por lo demás, hermanos míos, fortaleceos en el Señor, y en el poder de su fuerza.
> —Efesios 6:10 RVR1960

Muchos dirían que dado que Jesús murió en la cruz, ya todo está terminado y el diablo está derrotado. Aun cuando el diablo ya fue derrotado, todavía intenta matar, robar y destruir. Dios nos ha dado la responsabilidad de hacer cumplir la obra terminada de la cruz. El hecho de que seamos salvos no significa que somos inmunes a los ataques del enemigo. Debemos recibir la fuerza del Señor para vencer el asalto del enemigo.

Tenemos acceso prioritario al poder del Padre para revertir todo plan, complot y maquinación perversa contra nuestras vidas. Así que no luches con tus propias fuerzas. "Las armas con que luchamos no son del mundo, sino que tienen el poder divino para derribar fortalezas" (2 Corintios 10:4).

Debemos entender que cuando oramos e intercedemos, nos asociamos con el Espíritu de Dios para llevar su voluntad a la tierra. De modo que levanta tus manos ahora mismo y recibe una impartición de la fuerza de Dios. Debes recibir el poder y la fortaleza de Dios antes de emprender la lucha en la batalla invisible. Dios nos dará poder con su fuerza, porque el que gana las batallas es el Espíritu del Señor. Ser fuerte en el Señor evitará que te canses y te fatigues en la batalla.

Ponte toda la armadura de Dios

Vestíos de toda la armadura de Dios, para que podáis estar firmes contra las asechanzas del diablo.
—Efesios 6:11 RVR1960

¿Alguna vez te invitaron a un evento y el anfitrión se olvidó de decirte que había un código de vestimenta? ¿O alguna vez asististe a un acto y decidiste ignorar el código de vestimenta? Hacer eso, por lo general, te hace sentir vulnerable y algo como fuera de lugar y, dependiendo del anfitrión, es posible que se te niegue el acceso o la entrada a dicha actividad. El apóstol Pablo da la clave para entrar en una oración de guerra efectiva: debes vestirte apropiadamente. Ponerte toda la armadura de Dios requiere intencionalidad. Ponerte la armadura te asegura la victoria en el espíritu. Así como tienes que ir al armario y seleccionar la ropa que usarás para el día, debes ponerte la armadura de

Dios todos los días. No debes tomar atajos al ponerte la armadura. Cada pieza debe usarse para brindar protección y resistencia. Cada una de ellas contribuyen a una sinergia de fuerza y poder que se derrama en el soldado cuando está completamente armado. Ponerse la armadura de Dios requiere tomar la decisión diaria de vivir como soldado en el ejército del Señor.

La lucha es real

Porque no tenemos lucha contra sangre y carne, sino contra principados, contra potestades, contra los gobernadores de las tinieblas de este siglo, contra huestes espirituales de maldad en las regiones celestes.

—Efesios 6:12 RVR1960

Muchos han adoptado un enfoque tipo "no digas, no preguntes" acerca de la realidad del diablo y su imperio de tinieblas. Muchos han resuelto no molestarlo si él no los molesta a ellos. Pero si ignoras al diablo, él no se marchará. El diablo es real. Sus ataques son reales. Esto no es un mito ni un cuento de hadas. Él odia a la raza humana porque fuimos creados a imagen de Dios. La palabra griega para *lucha* se refiere al conflicto cuerpo a cuerpo, "una competencia entre dos... que se decide cuando el vencedor puede sujetar a su oponente con la mano sobre su cuello". El apóstol Pablo tiene claro que nuestro enemigo no es físico sino espiritual. No queremos desarrollar una preocupación por el diablo, pero no debemos ignorar su existencia. Dios enseñará a tus manos a luchar y a tus dedos a batallar. Por tanto, debemos enfrentarnos y resistir al diablo.

Resistir y permanecer firmes

Por tanto, tomad toda la armadura de Dios, para que podáis resistir en el día malo, y habiendo acabado todo, estar firmes.

—Efesios 6:13 RVR1960

Santiago 4:7 nos dice que nos sometamos a Dios y resistamos al diablo para que huya de nosotras. La clave para tener éxito en la guerra espiritual es someternos a Dios. Por tanto, debes estar bajo el mandato de Dios y someterte a su autoridad antes de convertirte en una mujer de autoridad. *Resistir* significa "luchar contra (algo); intentar detener o prevenir (algo); permanecer fuerte contra la fuerza o el efecto de (algo)". En griego, *resistir* sugiere "oponernos vigorosamente, resistir valientemente, pararnos cara a cara contra el adversario, defender nuestra posición con la autoridad y las armas espirituales que se nos han otorgado para que podamos resistir las fuerzas del mal".[1] Así que como mujer con la unción de Ana, estás llamada a resistir y permanecer firme.

El cinto de la verdad

Estad, pues, firmes, ceñidos vuestros lomos con la verdad.

—Efesios 6:14 RVR1960

Una pieza importante de la armadura del soldado romano era el cinto o correa. Era la pieza que mantenía todo unido. La verdad de la Palabra de Dios es lo que mantiene todo unido para el guerrero espiritual. Debemos continuar estudiando la verdad bíblica, porque la fuerza del enemigo hace que tendamos a mantenernos en la ignorancia. Muchos cristianos son derrotados y destruidos por falta de conocimiento, como dice la Palabra de Dios.

El vocablo griego para *verdad* se refiere a "una actitud veraz".[2] Y tiene que ver con "la verdad como excelencia personal; esa mentalidad [ingenua] que está libre de afectación [pretensión], simulación, falsedad, engaño". No basta con tener conocimiento intelectual de la verdad; debemos vivir la verdad. Lo que Pablo está insinuando es que no solo debemos llegar a conocer las verdades espirituales, sino también cultivar una actitud veraz, acorde con la verdad y sujeta a ella. Estar ceñido con la verdad es tener una mentalidad caracterizada por la preparación y el compromiso. Es la condición del creyente genuino que abandona la hipocresía. La verdad celestial siempre derrotará al hecho terrenal. Por ejemplo, el hecho terrenal puede ser que tu hijo necesita ser sanado de una enfermedad, pero la verdad celestial es que por las llagas de Jesucristo ya fue sanado; así que basada en esta verdad, ora sin descanso hasta que veas la manifestación de la sanidad en su cuerpo.

La coraza de justicia

Y vestidos con la coraza de justicia.
—Efesios 6:14 RVR1960

Esta era la pieza de la armadura que protegía el corazón y los órganos vitales del ataque. La justicia es el cetro del reino. Tenemos justicia posicional y estamos siendo hechas justas. La justicia es un regalo de Dios. Cuando estás orando, muchas veces el enemigo atacará tu derecho a oponerte a él. Él llenará tu corazón con sentimientos de indignidad y miedo. Te atacará con acusaciones de fallas pasadas para paralizar y neutralizar tus oraciones. Podemos reinar en esta vida por la justicia de Jesucristo.

Los zapatos de la paz

Calzados los pies con el apresto del evangelio de la paz.
—Efesios 6:15 RVR1960

Los zapatos de los soldados estaban diseñados exclusivamente para matar. Los hacían de cuero con pinchos en la suela. Eso tenía un doble propósito: brindar estabilidad en la batalla y matar al oponente después que lo tuviera bajo el pie. La paz de Dios sobrepasa la mente o el pensamiento natural. Jesús, el Príncipe de Paz, trae bendiciones, liberación y salvación en cada área de nuestra vida. Podemos entrar en la batalla conscientes de que Cristo ya ganó la victoria. La paz de Dios hará que camines por lugares difíciles y te esfuerces por alcanzar la victoria. La paz es importante en la guerra: protege tu corazón de la destrucción y el miedo. La paz hará que prevalezcas en la oración en medio de la crisis. La paz permanece en guardia vigilando tu corazón.

El escudo de la fe

Sobre todo, tomad el escudo de la fe, con que podáis apagar todos los dardos de fuego del maligno.
—Efesios 6:16 RVR1960

El escudo del soldado romano tenía la forma como de una puerta y estaba cubierto con piel o cuero. Tenía que empaparse con aceite todos los días para que las flechas del enemigo se deslizaran al contacto con su superficie. Así ocurre con la fe, debe aplicarse todos los días para confiar en Dios a fin de ganar la batalla. La fe proviene de escuchar y aplicar la Palabra de Dios. Nuestras oraciones deben basarse en la Palabra y centrarse en la Palabra. La fe se desarrolla cuando oramos la Palabra de Dios. Usar tu fe desatará el explosivo poder de Dios y te protegerá del enemigo.

El yelmo de la salvación

Y tomad el yelmo de la salvación.
—Efesios 6:17 RVR1960

El principal punto de ataque del enemigo es la mente. El diablo es un maestro en lo que respecta a los juegos mentales. El apóstol Pablo nos dijo que derribáramos las maquinaciones y los argumentos que se exaltan contra el conocimiento de Dios. El entrar en oración sin tu casco de salvación seguramente hará que el enemigo te corte la cabeza. El casco de la salvación también nos protege de la inseguridad en cuanto a nuestra salvación y las fortalezas del enemigo. Esas fortalezas son ideas colectivas que luchan contra la verdad de Dios. Las fortalezas tienen sus raíces en la mentira. Hay tres niveles de fortalezas: personal, cultural y cósmica. Las fortalezas personales son las de la mente. Las fortalezas culturales implican estar de acuerdo con los valores de Satanás en nuestra sociedad; hay muchas formas en que concordamos con él y mantenemos arraigados esos valores malvados. Las fortalezas cósmicas en la atmósfera son constituidas por ángeles demoníacos o huestes infernales.

La Espada del Espíritu

Y la espada del Espíritu, que es la palabra de Dios.
—Efesios 6:17 RVR1960

Se hace referencia a la Palabra de Dios en dos maneras muy distintas. La Palabra *Logos* es la Palabra escrita, y la palabra *rhema* es la palabra encarnada de Dios. La espada del Espíritu es la palabra vivificada de Dios que se usa para la situación particular por la que estás orando. El Espíritu Santo dejará caer en tu corazón una expresión de la Palabra escrita que estará impregnada con conocimiento divino, fe, seguridad y confianza para orar. La Palabra de Dios debe almacenarse en nuestro corazón. El Espíritu Santo se extenderá hasta nuestro depósito en busca de una escritura que se convertirá en una espada que podemos usar para apuñalar al enemigo.

Oración de la guerrera adoradora

La Ana de este tiempo debe ser una guerrera adoradora. Necesita ser fuerte en el Señor, ponerse toda la armadura de Dios y entrar a la batalla de rodillas para derrotar al enemigo.

Señor, hazme una guerrera. Enseña a mis manos para que luchen y a mis dedos a pelear. Decido ponerme toda la armadura de Dios para poder resistir cada artimaña,

truco o trampa del diablo. Me ciño firmemente mi cora-
zón y mi mente con el cinturón de la verdad. Soy una
campeona de la verdad. Viviré en la verdad de tu Palabra.
La verdad de tu Palabra me protegerá de todo engaño y
seducción. Cubro mi corazón con la coraza de justicia,
protegiéndome de toda tentación que pueda enfrentar
en el mundo. Soy una predicadora de justicia, que pro-
clamo tu verdad al mundo. Tu justicia y tu derecho son
los cimientos de tu trono. Oro para que permitas que la
justicia corra como un río en la tierra. Me pongo los cal-
zados de la paz puesto que seré una pacificadora donde-
quiera que vaya. Tengo paz porque eres el Príncipe de la
Paz. No tendré miedo ni estaré ansioso. Decido confiar
en ti. Agarro el escudo de la fe para apagar cada dardo
del enemigo. Reprendo toda duda y engaño. Seré valiente
y fuerte en el Señor y en el poder de su fuerza. Amo lo
que Dios ama y odio lo que él detesta. Lucho con él, ade-
lantando su reino en la tierra. Me puse el casco de la sal-
vación para proteger mi mente. Viviré en el poder de mi
salvación. Agarro la espada del Espíritu, que es la Pala-
bra diaria de Dios para mi vida.

Capítulo 10

MINISTRA DEL FUEGO DE DIOS

Llegando en ese mismo momento, Ana dio gracias a Dios y comenzó a hablar del niño a todos los que esperaban la redención de Jerusalén.

—Lucas 2:38

Ana se encontró, verdaderamente, con el Mesías y —debido a ello— se sintió abrumada por el deseo de contarles a todos los que buscaban la redención acerca de la llegada de ese Redentor. Las mujeres que se encuentran con Jesús son las más grandes predicadoras, las que mejor avivan al resto de los cristianos. Las mujeres que hoy tienen la unción de Ana pasan su tiempo con Dios cara a cara, contemplando su esplendor, sintiendo su gloriosa presencia y escuchando los latidos de su corazón a través de la oración. Aquellas que poseen la unción de Ana comparten la realidad del amor de Jesús con ardiente pasión y sentido celo. Son portadoras de gloria, mujeres bautizadas con el Espíritu Santo y fuego. Predican el evangelio con señales y prodigios, los cuales las siguen a dondequiera que vayan.

Estas mujeres tienen una unción única ya que han pasado incontables horas tratando con el fuego del refinador. La pasión, la pureza y el poder brotarán de su ser. "En torno suyo —afirma el Señor—seré un muro de fuego y dentro de ella seré su gloria" (Zacarías 2:5). La presencia de Dios estará con ellas de una manera tangible, de tal manera que su fuego se liberará a través de ellas. Serán predicadoras de justicia, motivadas por el amor y mostrando el amor de Dios por la humanidad. Estas mujeres traerán liberación y curación a aquellos que han sido atrapados por los poderes de las tinieblas.

La Ana de hoy en día ha de amar al mundo, no de condenarlo (Juan 3:16-17). Hay una generación que busca la redención, por lo que Dios está preparando una respuesta a su dolor. El Señor está dotando a las mujeres de un poder milagroso para influir en los corazones humanos con el fin de dar la gloria a Dios. Él está obrando milagros para mostrar que es un Dios amoroso y que actúa a favor nuestro. La sanidad sobrenatural efectuada por Dios muestra la compasión divina, lo que hace que muchos se tornen a él. En Lucas 7:16, cuando Jesús resucitó de entre los muertos al hijo de la viuda, la gente dijo: "Dios ha venido en ayuda de su pueblo".

El poder del Espíritu Santo desciende sobre nosotras para promover la fe en el único Dios verdadero y validar el mensaje del mensajero. En 1 Tesalonicenses 1:5-6 dice: "Porque nuestro evangelio les llegó no solo con palabras, sino también con poder, es decir, con el Espíritu Santo y con profunda convicción. Como bien saben, estuvimos entre ustedes buscando su bien. Ustedes se hicieron imitadores nuestros y del Señor cuando, a pesar de mucho sufrimiento, recibieron el mensaje con la alegría que infunde el Espíritu Santo". Hay muchos que quizás nunca estén de acuerdo con que las mujeres sean predicadoras, pero no podrán negar la mano del Señor que descansa sobre nuestras vidas. La mano de Dios nos dará poder para lograr grandes sanidades y liberaciones en su nombre.

El ardiente amor de Jesús

Grábame como un sello sobre tu corazón; llévame como una marca sobre tu brazo. Fuerte es el amor, como la muerte, y tenaz la pasión, como el sepulcro. Como llama divina es el fuego ardiente del amor. Ni las muchas aguas pueden apagarlo, ni los ríos pueden extinguirlo. Si alguien ofreciera todas sus riquezas a cambio del amor, solo conseguiría el desprecio.

—Cantar de los Cantares 8:6-7

Jesús es la única solución para las mujeres de hoy. Jesús es la esperanza para toda la humanidad. Jesús y su amor son la fuerza motivadora detrás de todo lo que hacemos y decimos. Jesús es nuestro lugar seguro. Es nuestro refugio. Nuestra roca firme. Su amor sanará tu corazón. Su amor te protegerá. El enemigo ha enviado el espíritu de rechazo paternal contra las mujeres, pero el Señor está derramando su ardiente amor para purgar y destruir por completo a ese enemigo infernal que ya está derrotado pero que aún hace maromas.

Por tanto, ahora es el momento de poner el amor de Jesús como un sello en nuestro corazón. Él es nuestro Rey conquistador; su sello de amor autoriza nuestro llamado. En la antigüedad, los reyes colocaban un sello de cera encima del cierre de un documento importante. Estampaban ese sello presionando el anillo de sello real contra la cera. Esos documentos estaban protegidos y autenticados por el sello del rey, que denotaba la autoridad y propiedad del monarca.[1] Las mujeres de hoy en día, que se parecen a Ana, llevarán el sello del Rey de reyes en sus vidas y sus ministerios. El amor de Dios las protegerá y hará que todos los recursos del cielo estén a disposición de ellas para promover el divino plan del reino. El amor de Dios tiene que ser suficiente para nosotras. No podemos buscar la aprobación de los hombres ni de la sociedad. ¡Debemos vivir para amarlo y agradarlo! Hemos sido selladas con el Espíritu Santo de la promesa (Efesios 1:13).

El sello de Dios es un sello de fuego. Su amor sobrenatural derretirá los corazones más duros. El sello de fuego romperá ese espíritu de amor que se enfría en la tierra debido a la maldad de muchos. Jesús dijo que el amor de muchos se enfriará (Mateo 24:12), pero Dios está poniendo el sello de fuego de su amor en las mujeres que tienen la unción de Ana. Las está haciendo llamas ardientes de amor que se extienden por toda la tierra.

> [Jesús] Él los bautizará con el Espíritu Santo y con fuego.
>
> —Lucas 3:16

Las mujeres que poseen la unción de Ana han de ser predicadoras eficaces del evangelio del reino ya que llevan el espíritu de convicción que conduce al arrepentimiento. Las mujeres se están levantando como mensajeras del Señor. Se moverán con gracia y misericordia para proclamar lo que las personas necesitan escuchar y no lo que quieren escuchar. Sus corazones están ardiendo por Dios, por lo que sus llamas afectan al mundo. Tendrán lenguas de fuego, lo que las hará declarar valientemente las maravillas del Señor sin temor al hombre; de modo que los que buscan la redención serán salvos. Las mujeres de hoy en día, como Ana, habrán pasado incontables horas mirando a los ojos del ardiente amor de Jesús. Serán llamas vivientes de amor que mostrarán la naturaleza del fuego devorador de Dios. Este amor ardiente es fortalecido por una llama eterna del cielo. Es la llama purificada tomada del altar del cielo. Satanás, el enemigo de nuestras almas, "enviará las aguas de la tentación, la apatía, la desilusión, el dolor, etc., para apagar este fuego. Pero el amor de Dios derramado en nuestros corazones (cuando continuamente cedemos a él) es más poderoso que las oscuras inundaciones del pecado y la tentación".[2]

En este tiempo, Dios está derramando su inquebrantable amor sobre nosotras, lo que nos permitirá amar a todas las personas. Nos estamos preparando para experimentar una oleada de avivamiento y eso causará una afluencia de personas a nuestras vidas con las que quizás nunca habríamos tenido contacto de otra manera. Debemos dejar que Dios defina cómo es el amor. Debemos poner nuestro afecto en las cosas de arriba (Colosenses 3:2). El Espíritu Santo nos enseñará cómo amar a Dios y cómo amarnos mutuamente. Debemos amar a Dios con toda nuestra mente, nuestro corazón y nuestras fuerzas.

Debemos llegar a un punto en que nuestra obediencia se base en el afecto. Jesús dijo: "Si ustedes me aman, obedecerán mis mandamientos" (Juan 14:15 RVR1960). Este amor hará que estemos listas para dar nuestra vida por los demás. El amor verdadero romperá cualquier cosa y hará que veamos la humanidad en aquellos que han sido deshumanizados, incluso aquellos a quienes normalmente temeríamos o rehuiríamos. Tú tienes el mayor nivel de influencia en las personas cuando ellas saben que las amas. Confiarán en ti tanto que hablarán hasta de las cosas más íntimas de sus vidas. Confiarán tanto en ti, que te pedirán que ores por ellas. Te confiarán sus vidas. Medita en eso. Cuando sabes que Dios te ama, puedes tener fe. La Biblia dice que la fe obra por medio del amor (Gálatas 5:6). Cuando sé que Dios me ama, creo aún más en lo que él dice. Cuando comprendas cuánto te ama y que moverá el cielo y la tierra a favor tuyo, tendrás fe. Este es el amor que se diseñó que mostráramos con el fin de que seamos una influencia para los que nos rodean, un amor que se extenderá como fuego.

Ana, la evangelista profética

Para tener éxito en lo relativo a ganar una cosecha, el creyente debe aprender a operar en los dones o la manifestación del Espíritu Santo. El mundo no puede ser evangelizado sin el poder y la unción del Espíritu Santo. Jesús escuchó y vio el reino espiritual debido a los dones revelados antes de que entrara en escena en esta tierra. Jesús era completamente Dios y completamente hombre. Él ministró como el postrer Adán, como un hombre ungido por el Espíritu Santo. Operó a través de la unción del Espíritu Santo, tal como lo hacen los creyentes hoy. La Ana de hoy en día estará equipada con los dones del Espíritu para dar un testimonio eficaz del Señor. Para una mayor comprensión de los dones del Espíritu, consulta mi libro *The Prophetic Advantage.*

Ana fue una profetisa que ministró a los que buscaban la salvación. Es un prototipo para los profetas y los creyentes proféticos de hoy. Ella usó su don profético para ministrar el corazón y la mente del Padre a una generación. Ana era una evangelista profética. Profético es alguien que declara el consejo de Dios. Ser profético implica conocer el corazón y la mente de Dios en lo referente a una situación específica. Es la palabra real que procede de la boca de Dios. Mateo 4:4 dice: "No solo de pan vive el hombre, sino de toda palabra que sale de la boca de Dios". Creo que Ana pudo discernir a través de su don profético qué había personas que eran receptivas a escuchar acerca del Mesías y a recibir la salvación.

La clave más importante para que seas una persona profética es tu relación con el Señor. Te convertirás en lo que contemples. En 2 Corintios 3:18 dice: "Así, todos nosotros, que con el rostro descubierto reflejamos como en un espejo la gloria del Señor, somos transformados a su semejanza con más y más gloria por la acción del Señor, que es el Espíritu". Ana pasó su vida contemplando el rostro de Dios. Puedo afirmar con certeza que ella conocía la pasión que Dios sentía por la generación de ella. Ana fue enviada al mundo de la presencia del Señor. Fue una mujer eficaz en el evangelismo porque estaba empoderada con amor y conocimiento profético.

¡Dejemos rugir a la leona!

La Biblia usa a la leona como símbolo metafórico de la mujer. El Señor está haciendo que las mujeres hallen su voz; además, sus susurros se están transformando en rugidos contra la injusticia en la tierra. Las mujeres rugirán en oración contra la injusticia. Las mujeres rugirán predicando contra el pecado y la rebelión. Las mujeres rugirán con profecía contra la idolatría. Las mujeres rugirán contra los enemigos de Dios. El león es conocido como audaz, intrépido, poderoso, valiente y fuerte. Sin embargo, hay que observar que cada león es entrenado por una leona. Por otro lado, hay un rugido que sale de la iglesia; es un rugido femenino y poderoso.

> Ruge el león; ¿quién no temblará de miedo? Habla el Señor omnipotente; ¿quién no profetizará?
>
> —Amós 3:8

Dios está llamando a las mujeres a ejercitar nuevos niveles de audacia, valentía y fuerza. Las mujeres deben levantarse con fuerza con la Palabra del Señor. Los leones deben rugir. Un león que no ruge no parece león.

Hay un rugido que sale de la iglesia a través de las proclamaciones, de los decretos, de la adoración y de la intercesión que preparará el camino para el mayor despertar espiritual que el mundo jamás haya visto. La Ana de hoy en día no podrá abstenerse de declarar lo que el Señor está diciendo. Hay un movimiento en la tierra. Las mujeres proféticas no pueden callar.

Las mujeres deben ser valientes. No hay lugar para el miedo ni para la intimidación. Debemos enfrentar a Jezabel y los demonios que tratan de intimidar y destruir a la próxima generación. El Espíritu Santo está ungiendo a las mujeres con santa valentía (Hechos 4:29).

> Pero el justo vive confiado como un león.
>
> —Proverbios 28:1

La valentía está relacionada con el habla (Hechos 19:8). Las personas que son valientes hablarán valientemente. No cerrarán la boca por miedo cuando deban hablar. Por su parte, las mujeres proféticas que hablan con valentía destruirán los poderes de las tinieblas con sus declaraciones proféticas. En griego, *valentía* significa "libertad para hablar sin reservas,

abiertamente, francamente; es decir, sin encubrimiento alguno; sin ambigüedad ni circunloquios; confianza libre e intrépida, valor alegre, arrojo, seguridad". Una palabra pronunciada
por el creyente semejante a un león, bajo un manto profético, aplasta todas las fuerzas opuestas. "¡Cuán eficaces son las
palabras rectas!" (Job 6:25 RVR1960). La valentía es la capacidad divina de la gente común para exhibir poder y autoridad.

Ruge el Señor desde Sión; truena su voz desde Jerusalén.
—Amós 1:2

La naturaleza del león es rugir. La fuerza y el poder del
león se manifiestan a través de su rugido. Hay un León muy
especial. El León de Judá. El León que vive dentro de ti. Cuando las hijas de Dios hablan con valentía la palabra que Dios
les ha dado, esa expresión se constituye en el rugido del León.

Dios tiene un plan estratégico para el avivamiento y la
reforma en el que las mujeres desempeñarán un papel vital.
Vivimos en una época en la que Dios está llamando y trabajando a través de las mujeres para cumplir sus planes redentores
para la humanidad. Algunas estarán en la primera línea de la
sociedad, mientras que otras vivirán consagradas a la oración,
como lo hizo Ana, que tenía la oración como su tarea principal. Vivir consagrada ante la presencia de Dios es un llamado maravilloso de Dios. Dios está empoderando y equipando
a las mujeres con resolución y determinación para que hallen
su llamado y su función en la Gran Comisión. Dios está llamando a las mujeres comunes y corrientes a una obra extraor-
dinaria. Las mujeres serán un signo y una maravilla para esta
generación que mostrarán la grandeza y el amor redentor de
Dios. El Espíritu Santo empoderará a las mujeres para que rea-
licen hazañas y cumplan sus propósitos. La asignación de cada
mujer es única, pero hay un aspecto que siempre es el mismo:
la misión de ellas con Dios es destruir las obras del diablo en
esta generación.

Se están trazando las líneas de batalla y de Sion sale un rugido femenino, fuerte y lleno de compasión. Este rugido proviene de mujeres ungidas para predicar el evangelio del reino, profetizar la palabra del Señor y hacer oraciones que toquen el cielo y transformen la tierra. Dios está extendiendo una gran invitación a las mujeres para que sirvan a los propósitos del Señor. Estas mujeres son vencedoras.

El Señor está moviendo el corazón de las mujeres para que encuentren su propósito en la vida. Aceptemos el maravilloso llamado de Dios, aunque no sea fácil ni glamoroso, aunque haya obstáculos. Al fin y al cabo, los venceremos y Dios nos presentará formas más atractivas de vivir. Además, Dios nos llama a vivir como sus embajadoras entre las naciones, difundiendo su amor y haciendo una diferencia eterna en las vidas de las personas que están en nuestra esfera de influencia.

Oraciones que activan el fuego

Señor, te pido que envíes tu fuego a mi vida. Bautiza mi corazón con el fuego de tu amor. Pon tu sello de amor en mi corazón. Bautízame con Espíritu Santo y fuego. Consume todo mi ser con el fuego de tu presencia. Señor, sé un muro de fuego alrededor de mi vida y de gloria en medio de mí. Déjame hablar en lenguas de fuego, declarando tu Palabra a mi generación. Que los dones proféticos se activen en mi vida. Dame una palabra de sabiduría, una palabra de conocimiento para los perdidos. Permite que predique tu Palabra con fuego y convicción. Déjame moverme con dones de sanidad y liberación. ¡Que mis palabras sean una demostración del Espíritu y de poder! Mi fe no estará en la sabiduría de los hombres, sino en el poder de Dios. Permíteme ser un vaso de amor y misericordia para aquellos que buscan la redención.

Decreto que se rompa cada bozal de la boca.

Decreto que seré valiente en el Señor.

Decreto que hablaré contra la injusticia. Seré una portavoz del Señor.

Oraré y predicaré.

Seré una voz para los que no tienen voz. Profetizaré a mi generación.

Predicaré la Palabra de Dios con señales y maravillas que la sigan.

Soy una llama viva de amor.

NOTAS

INTRODUCCIÓN

1. Chris Ferguson, "Contending For Your Destiny Pt. 3", My Soul Pants For God & God Alone (blog), 15 de abril de 2013, www.soulpants.wordpress.com.
2. Walter A. Elwell, ed., *Baker's Evangelical Dictionary of Biblical Theology* (Baker, 1996), s.v. "anoint", 5 de julio de 2016, www.biblestudytools.com.

CAPÍTULO 1: LA VIDA DESPUÉS DE LA PÉRDIDA

1. Rochel Holzkenner, "Asher's Beautiful Daughters", Chabad.org.
2. Ibid.
3. Warren W. Wiersbe, *The Wiersbe Bible Commentary* (David C. Cook, 2007).
4. Roswell D. Hitchcock, Hitchcock's Dictionary of Bible Names, s.v. "Penuel", 9 de agosto de 2016, www.biblestudytools.com.
5. Jack W. Hayford, ed., *Biblia Plenitud*, NVI (Thomas Nelson, 2014).

CAPÍTULO 2: UNA VIDA DE SACRIFICIO

1. Rick Renner, "Idolatry and Witchcraft", Sparkling Gems from the Greek, julio de 2016, 9 de agosto de 2016, www.renner.org.
2. Ibid.
3. Rick Renner, "Take My Yoke Upon You", Sparkling Gems from the Greek (blog), Julio 28, 2016, 9 de agosto de 2016, www.renner.org.
4. Rick Renner, "Present Your Bodies a Living Sacrifice", Sparkling Gems from the Greek, 13 de noviembre de 2016, 5 de diciembre de 2016, www.renner.org.
5. Michelle Haarer, *Breaking the Barriers of the Impossible* (WestBow, 2015).

CAPÍTULO 3: LA PROFETISA

1. Hayford, *Biblia Plenitud*, NVI.
2. Nickson Banda, *Dynamics of Spiritual Warfare* (AuthorHouse, 2010).
3. John W. Ritenbaugh, Forerunner Commentary, "Bible Verses about Enteuxis", Bible Tools, 10 de agosto de 2016, www.bibletools.org.
4. Noah Webster, *A Dictionary of English Language*, Volume 2 (Black, Young, and Young, 1828), s.v. "revelation", 156. Visto en Google Books.
5. W. E. Vine, *Vine's Expository Dictionary of New Testament Words* (Bethany House, 1984), s.v. Discern, Discerner, Discernment", www.studylight.org.
6. Jack W. Hayford, ed., *Biblia Plenitud, New Living Translation* (Thomas Nelson).
7. Blue Letter Bible, s.v. "batsar", 11 de agosto de 2016, www.blueletterbible.org.

CAPÍTULO 4: EL PROFETA VIGILANTE

1. James W. Goll, *The Lost Art of Intercession: Restoring the Power and Passion of the Watch of the Lord* (Destiny Image, 2007).
2. J. Mark Copeland, *The Prayer Watchman* (Xulon, 2004).
3. "The Watchman Anointing", International House of Prayer Tallahassee Missions Base, 11 de agosto de 2016, http://ihoptlh.org.

4. Kimberly Daniels, *Devuélvelo* (Casa Creación, 2007).
5. Chuck D. Pierce, *Reordering Your Day! Understanding and Embracing the Four Prayer Watches* (Glory of Zion International Ministries, 2006).

Capítulo 5: Ministra al Señor

1. Andrew Murray, como se citó en Goodreads, www.goodreads.com.
2. Mike Bickle, "Session 13 Being Taught to Pray by Jesus (Mt. 6:9–13)", International House of Prayer, 12 de agosto de 2016, www.mikebickle.org.
3. Baker's Evangelical Dictionary of Biblical Theology, s.v. "greatness", 12 de agosto de 2016, www.biblestudytools.com.
4. Ibid.
5. Noah Webster, *A Dictionary of the English Language*, Tenth Edition (George Routledge and Sons, 1866), s.v. "declare", 268.
6. Jack W. Hayford, ed., *Biblia Plenitud*, RVR 1960 (Thomas Nelson, 2002).

Capítulo 6: Pide, busca, llama

1. E. M. Bounds, como se citó en Goodreads, www.goodreads.com.
2. Thayer's Greek Lexicon, Electronic Database. Copyright© 2002, 2003, 2006, 201 by Biblesoft, Inc. Visto en Bible Hub, s.v. "krouó", http://biblehub.com.
3. NAS Exhaustive Concordance of the Bible with Hebrew-Aramaic and Greek Dictionaries. Copyright © 1981, 1998 by The Lockman Foundation. Visto en Bible Hub, s.v. "paga", 12 de agosto de 2016, http://biblehub.com/hebrew/6293.htm.

Capítulo 7: Intercesión identificatoria

1. Andrew Murray, *The Ministry of Intercession*, (James Nisbet & Co. Limited).
2. "World-Wide Population", The Traveling Team, consultado 15 de agosto de 2016, http://www.thetravelingteam.org/stats/.
3. James Robison, "The Holy Spirit and Restoration", in New Spirit-Filled Life Bible: Kingdom Equipping Through the Power of the Word, NKJ Version, ed. Jack W. Hayford (Thomas Nelson, 2002), 1859.

Capítulo 8: Desarrolla el Espíritu de gracia y súplica

1. Andrew Murray, *With Christ in the School of Prayer* (Revell Company, 1885).
2. C. J. Ellicott, Ellicott's Commentary for English Readers, s.v. "Genesis 32:28", 15 de agosto de 2016, http://biblehub.com/commentaries/genesis/32-28.htm.
3. Abarim Publications, "Anna Meaning", www.abarim-publications.com.
4. R. Laird Harris, Gleason L. Archer, and Bruce K. Waltke, *The Theological Wordbook of the Old Testament* (Moody, 1908).
5. Abarim, "Anna Meaning."
6. David M. Edwards, *Worship 365* (B&H Publishing Group, 2006).
7. Dr. Moses Anyanwu, Divine Messages and Inspirations (n.p.: Xlibris, 2012). Visto en Google Books.
8. Rick Renner, "The Supernatural Intercessory Ministry of the Holy Spirit", Sparkling Gems from the Greek (blog), March 29, 2016, 15 de agosto de 2016, www.renner.org.

Capítulo 9: La guerrera adoradora

1. Hayford, *Biblia Plenitud*, RVR1960.
2. John F. MacArthur, *The MacArthur New Testament Commentary* (Moody, 2011), s.v. "Efesios 6:14."

Capítulo 10: Ministra del fuego de Dios

1. Leland Ryken, James C. Wilhoit, and Tremper Longman III, eds., *Dictionary of Biblical Imagery*, s.v. "Seal" (InterVarsity, 1998), 766.
2. Mike Bickle, "The Bridal Seal of Mature Love", International House of Prayer, 16 de agosto de 2016, www.mikebickle.org.

Otros libros de
MCCLAIN-WALTERS, MICHELLE

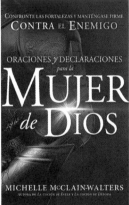

MICHELLE MCCLAIN-WALTERS ha viajado a más de cincuenta países y ha activado a miles de personas en el arte de escuchar la voz de Dios. Escribió los libros *La unción de Ester* y *La unción de Débora*. Fue directora del ministerio de oración de la Iglesia Crusaders de Chicago bajo el liderazgo del apóstol John Eckhardt. También fue una de las profetas locales y líderes del equipo apostólico de la Iglesia Crusaders de Chicago. Actualmente, Michelle y su esposo, Floyd Walter Jr., viven en Orlando, Florida.

JOHN
ECKHARDT

Te invitamos a que visites nuestra página web, donde podrás apreciar la pasión por la publicación de libros y Biblias:

www.casacreacion.com

f @CASACREACION

t @CASACREACION

o @CASACREACION

Para vivir la Palabra